호텔리어의
오월
노래

호텔리어의
오월
노래

광주관광호텔에서 본 5·18

홍성표 일지·메모 / 안길정 기획·집필

빨간소금

거짓말

광주시 동구 금남로 2가 20번지 광주관광호텔.

호텔리어로서 내 첫 직장이었다. 벌써 43년이 지났다. 돌이켜보니 어제 일처럼 생생한 열정적인 사회초년생의 시간들이 그곳에 있었다.

이 책을 펴내면서 전두환 철권통치의 끝자락에서 열린 국회 5·18 청문회가 떠올랐다. 당시에 군인들은 상부로부터 발포 명령이 없었다고 부인했다. 청문회에 나온 대대장들은 시위대의 선제공격에 따라 자위권 차원에서 우발적으로 발포했다고 둘러댔다.

청문회 기간에 1980년 5월 21일 조준 사격의 희생자였던 김선호 씨 부인이 국회 증언대에 섰다. 부인은 원통하게 죽은 남편의 마지막 순간을 증언할 목격자로 나를 지명했다. 김선호 씨는 시위대가 아니었고, 우발적인 총격으로 돌아가신 것도 아니었다(이 책의 5장 참고). 그러나 나는 상황이 여의치 않아 청문회에 증인으로 출석하지 못했다.

내 마음속에서는 '임금님 귀는 당나귀 귀'라고 외치라는 양심의 소리가 일었지만, 용기 있게 행동으로 옮기지 못했다. 내가 본 5·18을 거침없이 말하기가 망설여졌다. "시기상조다", "가만히 있어라", "모난 돌이 정 맞는다"라는 주변인들의 조언도 있었다.

그로부터 30여 년이 지난 2017년에 《전두환 회고록》이 나왔다. 다시 발포 명령은 없었다는 발뺌과 부인이 되풀이되었다. 마침 국방부 헬기사격조사위원회에서 목격자를 찾고 있었다. 내 기억의 바다에 가라앉아 있던 5·18을 더는 묻어두지 않기로 마음먹었다. 그래서 진압군이 도청으로 밀어닥친 5월 27일 새벽 전일빌딩에 대한 헬기 사격 목격 상황을 증언했다.

코로나19 바이러스가 인류를 흔들고 우리 일상을 바꾸고 있다. 사람들의 자유로운 들숨날숨이 행복이라는 것, 평범한 일상이 삶의 기초이며 전부라는 사실을 깨달아가고 있다. 자유로운 공기와 민주주의를 말살했던 자들의 거짓말을 더 이상 방치해서는 안 되며, 5·18의 진실이 왜곡되어서도 안 된다는 것을 말하고 싶어서 내 기억을 털어놓는다.

2020년 4월

홍성표

호텔리어를 만나다

특별한 만남

지난 2017년 국방부 헬기사격조사위원회를 통해서 홍성표 선생을 만났다. 당시 나는 이 조사위원회의 조사관으로 일하면서 광주관광호텔에서 목격한 헬기 사격 제보를 들었다.

당시 헬기 사격은 전일빌딩에서 탄흔이 발굴되면서 초미의 관심사로 떠올랐다. 나는 조사위원회에 들어가기 전, 광주시청 5·18지원단이라는 임시 조직에서 자원봉사를 하면서 관련 문서를 조사했다. 그리고 그 결과를 〈헬기 사격의 진실: 1980년 5·18 기간 중에 헬기에 의한 공중 사격이 있었음을 입증하는 보고서〉로 완성해 공간했다. 보고서에서 나는 전일빌딩에 대한 헬기 사격이 있던 때는 5월 27일 새벽이라고 보았다. 그러나 그때 그곳에 몇 명의 시위대가 있었는지 확증하지 못했다. 더욱이 전일빌딩에서 체포된 사람들의 증언이나 11여단 특공대의 진술을 확보하지 못한 상태였다.

홍 선생은 그 문제를 풀 수 있는 실마리를 제공했다. 그의 목격담은 11여단 최 아무개 대위의 체험 수기와 부합했다. 최 대위의 진술 요지는 27일 새벽, 계엄군이 1층 출입문을 부수고 들어가 전일빌딩을 제압했다는 것이었다. 일각에서 제시한, 옥상에서 침투한 특공대가 레펠을 타고 10층을 공격했다는 주장을 일축하는 증언이었다. 홍 선생은 11여단 특공대가 광주관광호텔을 점령하기 위해 시가지로 진입할 때 전일빌딩에 은신한 무장 시위대의 총격을 받았으며, 고공으로부터의 총격에 절대 불리한 위치에 있었던 특공대가 무장 헬기의 지원을 요청했을 것이라고 증언했다. 당시 계엄군은 전일빌딩 옥상에 시위대가 설치한 경기관총(LMG)이 있다는 잘못된 정보를 갖고 있었다. 그러므로 이 증언은 무장 헬기의 출동 상황이 어떻게 해서 이루어지는지 설명하는 내용이 된다.

조사위원회는 5개월의 진상 조사 뒤에 최종보고서를 채택했다. 그러나 전일빌딩에 사격을 한 헬기 부대나 조종사는 특정하지 못했다. 헬기 조종사의 양심선언이나 추가 목격자가 꼭 필요했다. 내가 그 예비 작업으로 홍성표 선생의 목격담을 구체화할 필요가 있다고 했더니, 김정한 교수가 맞장구를 쳤다. 그렇게 세 사람이 어울려 작업을 시작했다.

처음에는 일방적으로 홍 선생의 증언을 들었다. 10여 차례 광주 5·18기록관에서 이루어졌다. 김정한 교수는 서울에

서 매번 광주로 왔다. 이야기는 풍성했으나 산만했다. 이대로
는 조리 있는 책을 만들기가 어렵다고 생각해, 내가 차례를 짜
고 그에 따라 증언의 요지를 메모해달라고 홍 선생에게 부탁
했다. 이 메모 덕분에 구술의 윤곽이 좀 더 체계를 갖추었다.
그 뒤 나와 김 교수의 개인 사정이 여의치 않아 메모를 묵힌
상태로 1년여를 보내다가 지난해 12월부터 본격 작업에 돌입
했다.

올해 1월 중순, 홍 선생이 작성한 일자별 메모에 구술 녹음
과 노트 필기를 더해 초고를 만들었다. 그 뒤 왕성한 의견 교
환을 통해 2월 초에 재교를 완성했다. 기억력이 총총하고 근
면한 홍 선생은 내 질문에 매번 신속하게 반응했다. 관련자를
찾아내 면담하고, 내용을 이해하기 쉽도록 초벌 참고 지도를
만들었다.

작업을 하면서 호텔이 나라 운영의 축소판이며, 그것만으
로도 책 한 권이 되기에 족하다고 생각했다. 게다가 홍 선생은
호텔 총지배인을 역임하면서 명망가들을 빈번히 접촉한 까닭
에 증언은 곧잘 지역 사회 이면의 골골샅샅으로 뻗쳤다. 이 책
은 그 점을 다 싣지 못하고 5·18을 전후한 사정을 수록하는
데 그쳤다.

최적의 목격 장소

이 책에 실린 증언을 제대로 음미하기 위해서는 목격 지점인

광주관광호텔에 대해 이해해야 한다. 도청으로부터 지근거리에 위치해 금남로 1·2가를 굽어보는 광주관광호텔은 위상학(topology)으로 보아 주요 사건을 목격할 수 있는 최적의 장소였다. 당시 광주관광호텔은 지역 유지들의 사교장이자 매월 기관장회의가 열리는 곳이었고, 대통령이 투숙하는 이 지역 최고의 영빈관이었다. 이와 관련해 광주관광호텔의 신축 장면 사진과 소유권의 변동 자료를 제공해주신 김경수 선생께 깊은 감사를 드린다. 또한 독자의 이해를 돕기 위해 작성한 지도가 8장에 이른다. 지금은 역사 속으로 사라진 광주관광호텔의 추억을 복원하는 1차 자료를 만들었다는 생각이다.

구술자의 5·18 관련 목격담이 책의 중심에 있다. 그리고 박정희와 전두환의 광주 체류를 다룬 장이 책의 시작과 끝 부분에 자리하고 있다. 책의 구조로 보았을 때 5·18이 두 개의 청산해야 할 군사정권 사이에 끼어 있는 셈이다. 사실 홍 선생은 두 개의 군사정권을 설명할 수 있는 적격자이다.

구술자는 호텔리어 경력을 광주관광호텔에서 시작했다. 그의 기억 가운데 제일 인상적인 것이 박정희 대통령의 1박 2일 호텔 체류였다. 나는 구술자의 이야기를 들으면서 보물을 건져 올리는 느낌이었다. 내로라하는 기자들이 청와대 속사정을 파헤친 글이 시중에 나도는데, 대개는 얻어들은 이야기에 의존한 것이다. 그러나 이 책에 나오는 이야기는 호텔에서 직접 보고 겪은 것이 대부분이다. 동선(動線)에 따른 권력자의 행적은 다른 어느 책에도 나오지 않는 새로운 발굴이다. 대통령

전용실의 위치, 집기, 그 안에서 벌어진 일은 나의 심문에 가
까운 추궁 끝에 복원되었다. 아마 유신 체제를 겪어본 장년층
은 대통령의 하룻밤 호텔 체류 장면을 읽으면서 각급 정보·군
사 기관이 총동원되는 철통같은 경호 태세에 절대 권력의 실
체를 실감할 것이다.

　끝에서 두 번째 장은 전두환의 광주 방문에 얽힌 이야기이
다. 통일주체국민회의에 의한 체육관 선거는 유신의 심장 박
정희가 설계했지만, 그것을 계승하고 향유한 이는 철권통치
자 전두환이었다. 이 이야기 역시 호텔리어로서 구술자의 목
격담 내지 청취담으로 꾸몄다.

2020년 4월
안길정

차례

책을 펴내며
거짓말_홍성표   4
호텔리어를 만나다_안길정   6

1   대통령의 광주 도착
안보보고회   15
영접 준비   19
경호 선발대   25
경호 불문율   31
각하의 옷, 각하의 구두   35
만찬장의 대통령   36
도지사가 가져온 조찬 도시락   42
김계원과 차지철   44

2   광주관광호텔
광주관광호텔의 시작   50
슬롯머신 오락장   56
칵테일 라운지   65
나이트클럽   71

이발소　75

그림 도둑　78

월례 조찬 기관장회의　80

3　달아오르는 시가지(5월 12일~17일)

12일_칵테일 라운지의 기자들　85

13일_검열 받는 신문과 방송　87

14일_가두로 나선 학생 시위　88

15일_분수대에 모인 학생 대표와 교수들　88

16일_횃불 시위　90

17일_호텔 주변　91

4　처절한 금남로(5월 18일~20일)

18일_계엄이 확대되다　93

19일_호텔 폐쇄와 일본인 기자　96

20일_금남로의 차량 시위　104

5　도청 앞 집단 발포(5월 21일~26일)

21일_호텔 앞 대치선　111

　집단 발포　116

　목포대생의 피격　122

　조준 사격　124

22일_호텔의 방화 위기　129

23일_고정간첩, 깡패, 흑색선전　136

24일_자전거로 바람 쐬기　140

25일_문을 연 가게들   144

26일_한광수 사장의 편지   145

6 계엄군의 호텔 점령(5월 27일~28일)

27일_601호 각하의 방에서   149

헬기 사격의 섬광   153

계엄군의 호텔 점령   156

28일_쓰레기차가 실어 나른 것   163

호텔의 손실액   165

7 전두환의 광주 방문

10·26 사건   166

연초제조창 안보보고회   167

광주에 온 전두환   171

8 망월동 이팝나무

이팝나무의 오월 노래   177

나의 5·18   182

해제

그동안 알려지지 않았던 공간과 높이에서 본 5·18
_김정한   184

1

대통령의 광주 도착

안보보고회

1977년 9월. 전남도청 내무국 서무과로부터 출장 연회 예약이 접수되었다. 이번 연회는 통일주체국민회의 대의원들을 위한 자리였다. 이른바 안보보고회*로 800명씩 3회에 걸쳐 총 2,400명이 참석하는 대형 행사였다. 행사를 조직한 중앙정보부가 모든 비용을 자기 예산으로 도청 서무과를 통해 광주관광호텔에 지불할 예정이었다.

---

* 1972년 12월 공포된 유신헌법에 따라 설치한 통일주체국민회의는 각 지역에서 선출한 총 2,359명(임기 6년)의 대의원으로 구성되었다. 유신 체제 아래서 대통령을 선출하는 권한은 국민의 직접 선거가 아니라 이들 통일주체국민회의 대의원이 가지고 있었다. 1972년 12월 27일, 통일주체국민회의는 단독 입후보한 박정희를 99.9퍼센

중앙정보부는 내년 7월에 치를 제9대 대통령 선거를 위해 통일주체국민회의 대의원들을 미리 소집해 '산업 시찰'이란 명목으로 포항 제철소나 거제 조선소 등을 두루 돌아보게 했다. 정부의 치적을 홍보하고 대의원들의 이탈을 방지하기 위한 선심성 위로 잔치였다. 연회 장소는 금남로 5가 누문동 제일고등학교 1층 대강당. 우리 호텔에서는 각 부서에서 차출한 인원으로 전담팀을 꾸렸다. 도청에서도 직원을 보내거나 차량을 지원하는 방식으로 행사를 지원했다. 워낙 큰 규모의 행사라서 소요 비품이 다양했으며 세심한 준비가 필요했다.

행사에 필요한 원탁, 각종 집기, 병풍, 린넨류 등이 원하는 수량만큼 있는지 점검했다. 생화 화분, 얼음 조각(彫刻), 음식을 제외하고 나머지 비품을 모두 전날 트럭으로 운반해 미리 제자리에 두어야 했다. 그리고 호텔에 없는 물품이나 부족한 인력, 운반 트럭 등은 도청 서무과와 시설과에서 지원받았다. 원만한 진행을 위해 행사에 익숙한 도청 여직원을 차출해 호텔 여직원과 함께 안내를 맡도록 조치했다.

행사 하루 전부터 꾸미기 시작한 행사장은 당일 오전에야

트(무효 2표)의 찬성으로 선출했다. 유신헌법에서는 대통령이 전체 국회의원의 1/3을 지명할 수 있었고, 유신헌법에 대한 찬반 논의를 금지하는 긴급조치발동권, 국회해산권, 법관 임명권을 가지고 있었다. 1980년 '서울의 봄' 때, 학생과 시민들이 유신 철폐(유신헌법 폐지) 구호를 외친 까닭은 3권 분립의 원칙을 짓밟고 박정희의 일인 종신 집권을 보장한 악법의 지속을 더 이상 용납할 수 없었기 때문이다.

마무리되었다. 넓은 강당을 화려하게 치장하고, 코끝을 간질이는 달콤한 향의 음식을 반짝이는 은쟁반에 담아 테이블 위에 차렸다.

관광버스가 속속 도착하면서 사람들이 우르르 연회장으로 몰려들었다. 한복을 곱게 차려입은 도청 여직원과 호텔 요원이 다소곳이 서 있는 입구를 지나자 16개의 원탁이 자리한 연회장이 나왔다. 실내에서는 시립관현악단이 연주하는 음악이 잔잔하게 흐르고, 어깨를 드러낸 소프라노의 노래가 울려 퍼지고 있었다. 대의원들은 각자 지역 표시가 있는 원탁으로 다가갔다.

주빈석에는 맛깔나는 오드볼과 기름진 요리들이 차려졌다. 연회장에서 가장 큰 테이블 위에는 잉어와 용을 새긴 얼음 조각이 놓여 있었다. 그리고 연회장 정면에는 '경 안보보고회축'이라고 쓴 현수막이 걸려 있었다. 참석자들은 한쪽에 차린 바에서 빈 잔에 칵테일이나 주스를 담아 오거나 음식을 먹으면서 행사가 시작되기를 기다렸다. 싱싱한 채소가 담긴 접시 옆에 선 요리사가 저글링을 하듯이 사과를 공중으로 던졌다가 받으면서 순식간에 껍질을 벗겼다. 참석자들은 놀라운 속도로 접시에 차려지는 사과와 배를 이쑤시개로 찍어 입으로 가져갔다.

9월 초가을 날씨는 에어컨을 틀지 않아도 쾌적했다. 빈 잔을 들고 오는 대의원들에게 술과 음료를 따라주던 내게 말쑥

한 정장 차림의 신사가 다가와 이름을 불렀다. 고향에 사는 외삼촌이 빈 잔을 들고 나를 보며 미소 짓고 있었다. 통일주체국민회의 대의원에 당선되었다는 소식을 들었지만, 이런 자리에서 뵙게 될 줄 몰라 쑥스러웠다.

주빈석 옆 마이크가 삑삑 소리를 내더니 곧이어 연주가 중단되었다. 식순에 따라 도지사가 환영사를 했다. 이어서 사회자가 우렁찬 목소리로 건배사를 시작했다.

여러분,
이번에 우리는 우리 대한민국의
눈부신 발전상을
두 눈으로 똑똑히 보았습니다.
60년대 하늘만 쳐다보며
비가 오기를 바라던
천수답 농업을 벗어났습니다.
자랑스럽습니다.
대한민국 경제는 탄탄한
중공업 기반 위에 올라섰습니다.
우리는 세계 각국이 부러워하는
한강의 기적을 직접 목도했습니다.
이제 우리는 이 기세를 몰아
선진국으로 힘차게 발돋움해야 합니다.
이 중대한 시기,

민족중흥의 역사적 사명을 띠고 있는 우리에게
흔들림 없는 영도자가 계속 필요합니다.
우리 대한민국을
오늘과 같은 반석 위에 올려놓으신
위대한 지도자, 박정희 대통령 각하의
영도력에 무한한 경의를 표합니다.
우리 모두 잔을 높이 들어 복창합시다.
박정희 대통령 각하의 만수무강을 위하여!

"위하여!"
모인 사람들이 한입으로 복창했다.
세상 사람들이 '옳소부대'라 부르던 통일주체국민회의 대
의원들은 각하의 만수무강을 빌며 목을 축였다.

영접 준비

1979년 3월 초, 박정희 대통령이 지방 순시차 광주를 다시 찾
았다. 그보다 몇 주 앞서 도청 내무국은 우리 호텔에 각하의
투숙 준비를 통보했다. 호텔의 모든 부서에 비상이 걸렸다. 대
통령의 숙박은 광주 지역에서 오직 우리 호텔만 가능했다. 당
시 지방에는 대통령이 묵을 만한 도지사 공관이나 영빈관이
없었으며, 귀빈이 묵을 스위트룸을 갖춘 고급 호텔은 오직 광
주관광호텔뿐이었다.

호텔 3층 지원부 사무실에서 확대간부회의가 열렸다. 회의 참석자들 숫자에 맞추어 응접 소파 주변으로 접이식 의자를 추가로 배치했다. 간부들은 저마다 수첩이나 메모지를 손에 들고 회의실로 들어섰다. 대표이사 송주형, 총지배인 이봉범, 영업이사 한동수, 나이트클럽 영업과장 윤종환, 조리과장 정길수, 객실과장 함진식, 프런트과장 장일국*, 영업과장 홍성표, 구매과장 이경인, 서무과장 박일주, 경리이사 이을규, 시설부장 손정섭, 세탁소 손화성 등이 착석했다.

오늘 안건은 대통령의 투숙에 따른 전반 점검이었다. 보통 간부회의는 대표이사가 주재하지만, 이날은 총지배인이 주재했다. 말끔한 정장 차림에 안경을 낀 총지배인이 백지에 동선을 제시했다.

첫날 호텔 정문 도착 오후 3시경 - 입구 - 로비 - 승강기 탑승 - 6층 복도 - 전용실(휴식) - 6층 복도 - 승강기 - 5층 복도 - 6시 만찬장(529호) - 만찬 후 5층 복도 - 승강기 - 6층 복도 - 전용실(취침).
다음날 전용실 조식 - 도지사의 조찬 준비 - 6층 복도 - 승강기 - 1층 로비 - 현관 정문 - 오전 9시경 퇴숙 (행사 종료).

* 등장인물 몇몇은 가명 처리했다.

참석자들이 VIP의 동선을 유심히 살펴보았다. 동선에 표시한 각 지점은 호텔 종사원들이 대기할 장소였다. 총지배인이 지점을 찍으면서 이름을 적어나갔다. 예를 들어 입구는 누구, 로비는 누구, 만찬장에는 누구누구라고 쓰고 필요 사항을 설명했다.

"정문 국기게양대부터 볼까요. 당일 아침 9시 태극기를 중앙에, 새마을기와 호텔 깃발을 양쪽에 새것으로 준비해 게양합니다. 누가 맡지요?"

"네, 접니다."

장일국 프런트과장이 대답했다.

"포치는 조립식 지붕이라 깃발 게양 시 조심하세요. 세 가지 깃발, 벨 데스크에서 새것으로 준비하는 것, 아시지요?"

"넵, 압니다."

"다음, 정문 입구부터 승강기 입구까지 깔 붉은 카펫은 지금 하우스키핑 창고에 있나요?"

"네, 린넨 창고에 보관 중입니다."

하우스키퍼 함진식 객실과장이 대답했다.

"카펫은 잘 정비해 도착 전날까지 벨 데스크 뒤에 보관했다가, 당일 오전 도착 2시간 전까지 설치 완료합니다. 전용실 침구, 소모품, 린넨류는 모두 새것으로 비치하고, 냉장고 음료는 선발대로 오는 검식과장과 의논해 넣으세요."

총지배인은 잠깐 쉬더니 빙그레 웃으며 말했다.

"각하께서 좋아하시는 간식, 그게 뭐죠? 껍질 있는 땅콩! 기억해두었다가 대통령이 만찬장에 계실 때 전용실에 들여놓아야 합니다. 전용실 룸메이드도 대기하는데, 룸메이드는 작년 행사를 치러본 경력자로 합니다. 이 일은 하우스키핑 주임 김용호 씨가 맡아주세요."

뒤이어 총지배인은 시설부장 손정섭을 보며 물었다.

"엘리베이터 안전 점검을 언제 했나요?"

당시 승강기는 설치한 지 오래되어 운행 중 덜컹거리거나 멈추는 말썽을 일으켰다. 손정섭 부장이 대답했다.

"네, 엊그제 정기점검일이라 담당 기사가 확인했는데 이상 없이 잘 가동되고 있습니다. 경호 선발대가 도착하면 소방서와 합동으로 다시 점검할 텐데 제가 안내해서 검측필증 안전딱지 받겠습니다."

이어 각 객실 층 플로어 데스크를 전담할 사람(4층 고재진, 5층 김준모)을 지정했다. 특별히 대통령이 투숙하는 6층 전용실은 장일국 프런트과장이 맡되, 대통령이 만찬장으로 이동하면 메인석을 나와 함께 맡도록 했다. 만찬장에는 나 말고도 숙달된 식음료 웨이터 4명이 붙었다. 프런트에서 전체 매출을 집계하는 임무도 내게 떨어졌다. 각하의 지근거리에 있는 직원은 모두 숙련된 간부급으로 배치했다. 만찬장 서빙은 직원 가운데 침착하고 노련한 간부급을 동원했다.

만찬 메뉴는 남도 한정식 50인분, 만찬 술은 은주전자에 담은 경주법주, 그릇은 은제 대신 유기(놋그릇), 술잔은 목포 행남자기의 사기잔으로 정했다. 조리과장 정길수는 지시를 메모지에 꼼꼼히 받아 적었다.

총지배인이 덧붙였다.

"정 과장, 한식 재료는 최상의 신선도를 위해 하루가 넘은 것은 절대 금물이에요. 전날 들어온 것을 손질해 오전에 완성하세요. 숙주나물 사건은 다들 아시지요?"

"아다마다요. 염려 마십시오."

숙주나물 사건이란 몇 년 전 일어난 고통스런 기억이다. 대통령의 만찬장에 내놓은 숙주나물이 날씨 탓에 살짝 쉬었는데, 식탁에 오르기 직전 청와대 검식과장이 발견해 제지했다. 당시 담당 조리사는 연거푸 무릎 밑(조인트)을 구둣발 끝에 찍혀 자지러지듯 고꾸라졌다. 얼마나 세게 걷어차였는지 일어서지 못하고 엉금엉금 기어서 복도로 나갔다. 담당 조리사는 그 뒤 3일 동안이나 출근하지 못하고 끙끙 앓아 누웠다. 무릎 밑을 찍혀본 사람은 그 고통의 크기를 안다.

당시에는 호텔의 존망과 연결되는 일이라고 생각해 담당 조리사가 혼나는 선에서 끝난 것을 다행으로 여겼다. 그 뒤 숙주나물 사건은 호텔 선배들이 유념하는 전설 가운데 하나가 되었다.

만찬장의 집기를 은기 대신 유기로 사용한 까닭은 우리네 밥상에는 그게 더 어울린다는 대통령의 지적 때문이었다. 고참 간부들은 행사를 치르고 나면 대통령 주위 여기저기서 나온 이야기를 모아 다음 행사에 반영했다.

총지배인이 내처 말했다.

"경호 선발대가 오면 우리 호텔 평면도를 요구할 겁니다. 총무과에서 준비해주세요. 전 직원의 신상카드 준비하는 것도 함께요. 그리고 청와대 검측과에서 시설 점검 때 검측 딱지(검측필증)를 붙인 창문이나 출입문은 절대 개방할 수가 없어요. 부득이 사용해야 할 창고 출입문 등은 따로 허가를 받아야 합니다. 또 소방서·건축과·전화국 직원들이 점검차 방문할 것이니, 우리 측 서무과, 전기기사, 통신기사가 대기해야 합니다. 비상대기 중인 직원이 머무는 방은 작년 예에 따라 3층 객실을 배정하고, 남녀별로 나누어 쓰도록 합니다."

이어 당일 객실 현황 파악에 들어갔다. 총 4개의 객실 층 가운데 4~6층 객실은 청와대에서 모두 쓴다고 했다. 대통령이 도착하는 날은 일절 예약을 받지 않는데, 이미 머물고 있는 장기 투숙객은 3층으로 이동 조치가 불가피했다. 외국인 장기 투숙객은 입실 때 경찰서 정보과 외사계에서 신상 파악을 마쳤기 때문에, 명단을 경호 선발대 상황실로 올렸다. 그리고 남은 3층 객실 몇 개는 경찰과 경호실의 상황실로 각각 배정될 예정이었다.

다음으로 구매과 임무를 점검했다. 식자재와 음주류는 사전에 반입하되, 부득이 채소류는 당일 오전 후문 비상계단을 통해 7층 메인 주방으로 올리도록 조처했다. 구매과장은 납품 시각에 차질이 없도록 업체에 확인해야 했다.

끝으로 총지배인이 사장 쪽으로 시선을 돌렸다.

"대통령이 도착하는 시간, 사장님은 로비에서 대기하고 계시다가 영접해 주십시오."

사장이 머리를 앞뒤로 크게 끄덕였다.

이윽고 회의가 끝났다. 참석 간부들은 각자 부서로 돌아가 부서원들에게 간부회의 내용을 설명한 뒤 비상근무를 지시했다. 모든 직원들은 대통령이 도착해서 떠날 때까지 퇴근하지 말고 야근에 돌입해야 했다. 경호 선발대가 오면 신원 조회 결과에 따라 하자가 있는 직원은 비번으로 쉬거나 근무 위치가 바뀌기도 했다.

당일 임대 매장의 개장 여부는 경호 선발대의 결정에 따라야만 했다. 예를 들어, 경찰서에 등록된 요주의 인물 내지 건달들이 출입하는 오락장의 경우 당일 영업을 하지 않고 폐쇄했다. 나이트클럽은 문을 열더라도 건달들이 호텔 근처에 얼씬거리지 못하도록 적절한 경로를 통해 전달했다. 정보에 밝고 눈치 빠른 그들은 대통령이 투숙하기 전날부터 떠날 때까지 얼씬도 하지 않았다.

경호 선발대

경호 선발대가 도착했다. 검정색 양복을 입고 귀에 흰 줄의 리시버를 꽂은 7~8명의 건장한 사람들이 검은 승합차에서 내려 호텔 프런트로 다가왔다. 책임자로 보이는 사람이 신분증을 내밀었다.

"청와대 경호실에서 나왔소. 검측과장이오."

그는 호텔 사장을 불러달라고 말했다. 프런트 클럭(front clerk)이 교환수를 통해 사장실로 즉시 연락을 넣었다.

"사장님, 청와대 경호실에서 도착했습니다."

프런트에서 객실 열쇠를 받아 든 벨맨(bell man)이 가방 운반용 손수레를 밀고 앞장섰다.

검측과장은 사장실에 들어서자마자 선 채로 협조를 요청했다.

"오시느라 고생이 많으셨습니다."

사장이 깍듯이 맞이하며 자리에 앉기를 권했다. 그러면서 서무과에 전화로 지시를 내렸다. 서무과장이 준비한 호텔 평면도를 가지고 사장실로 급히 들어갔다.

경호 선발대의 본부격인 경호 CP(Command Post, 지휘소)는 면적이 넓은 321호 한실 스위트룸에 차려졌다. 여기서 검측과 요원들은 맡은 분야별로 신속하게 움직였다. 전 직원의 신원 조회가 이루어지는 동시에 호텔의 건축·통신·시설 분야의 정밀 점검이 시작되었다. 도청·시청·구청·전신전화국·소방서·도청 건축과·보건소·경찰서 정보과·도경 경비과 직원들이 호출을 받고 연이어 들어왔다. 그리고 3층 경호 CP와 같은 층 앞 방(311호)에 경찰 CP를 차렸다.

검측과장은 호텔 각층의 평면도를 펴놓고 말했다.

"호텔 외부에서 내부로 통하는 모든 출입구를 당일 봉쇄할 것이오. 내부 통로 문과 복도의 린넨 보관실, 소화전함, 창고 등도 모두 확인 대상이오. 우리 요원이 확인할 때 입회해 모두 열어주시오."

경호실 요원들은 호텔 직원의 안내를 받으며 지정된 출입문에 직접 가서 경호실 마크가 선명한 검측 완료 및 사용 불가 딱지를 붙였다. 딱지가 붙은 문과 창고 등은 대통령이 떠나기 전까지 아무도 열 수 없었다.

전신전화국에서 나온 기술자들은 경호실 요원의 지시에 따라 통신 기계 차량을 도로가에 세우고 전신주에서 끌어온 전화선을 경호 CP, 경찰 CP 및 6층 VIP 전용실에 연결했다. 들리는 말에, 이들 전화선은 군부대와 직통으로 연결된다고 했다. 이 밖에도 경호원들은 보일러실과 전기실에 들어가 보일러와 발전기의 정상 작동 여부를 직접 시험 가동해보았다.

경찰 CP도 분주했다. 교환대를 통하지 않고 직통으로 사용할 수 있는 전화기의 벨이 요란하게 울리면서 통신 내용이 그대로 들려왔다.

"도경 경비과장이다. 지원 병력, 도착 즉시 보고 바란다."

"금남로 북쪽 끝 유동에 나와 있다. 수창국교(수창초등학교)와 북동 천주교 사이 도로 차단 건이다. 이곳 도로 폭이 넓어 차단 시 대형차가 필요하다. 소방서에 요청, 대형 사다리차 투입 바란다. VIP 통과 후 즉시 차단 해제한다. 소방차 2대 필요하다."

"알았다, 오버."

관리사무실에서는 서무과장과 검측 요원이 앉아 사원 명단을 놓고 비표를 나누어주고 있었다. 직원들은 옅은 은색의 배지 같은 비표를 대통령 방문 당일 양복 깃에 달아야 했다. 비표는 곧 호텔 안을 오가는 인가자임을 알리는 표시였다.

그러나 비표가 있어도 대통령이 머무는 동안 전용실이 있는 6층 전체와 만찬이 열리는 5층은 지정된 직원들만 출입할 수 있었다. 입사할 때와 그동안 몇 번의 대통령 방문 때 이미 여러 차례 신원 조회를 거친 뒤라 문제가 되는 직원은 없었다. 당시 신원 조회는 도경에서도 따로 했으며, 결과가 나오기까지 1주일 정도 걸렸다.

대통령의 숙박 일정 가운데 제일 중요한 체크포인트는 전용실 601호였다. 제3공화국 시절 전국의 관광호텔에는 사업 계획 승인 시 의무 규정으로 VIP 전용실이 마련되었는데, 우리 호텔에는 그 방이 6층에 있었다.

이 방은 광주에 오는 대통령만이 이용할 수 있었다. 평상시 고객에게 대여하지 않았으며, 해마다 도배를 새로 해 산뜻한 상태를 유지했다. 이 방의 인테리어나 장식은 고급 자재를 써서 일정한 수준의 품위를 유지했으며, 경호실과 도청의 검수를 받았다. 출입문에는 청와대에서 지정한 봉황·공작 휘장을 갖다 붙였고, 바닥에는 양탄자를 깔았다. 벽지는 일반 종이가 아니라 외국산 실크를 사다 발랐는데, 1979년에는 그것이 여의치 않아 봉황이 그려진 비단 이불 홑청을 포목점에서 떠다가 침대가 놓인 머리맡 벽을 도배했다.

방문 손잡이나 수세식 양변기는 모두 고급 자재를 써서 품

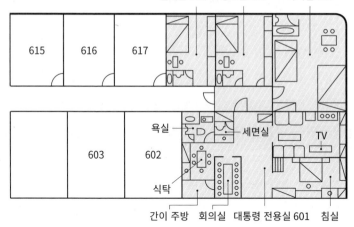

김계원 618　경호원 619　차지철 620

615　616　617

603　602

욕실　세면실　TV

식탁

간이 주방　회의실　대통령 전용실 601　침실

객실 6층은 승강기에서 내리면 중앙 복도 끝에 대통령 전용실이 있었다. 오른쪽 끝 방 3개, 즉 601호(VIP실), 620호(트리플), 619호(더블)는 출입을 통제하는 별도의 문이 설치되어 있었다. 대통령 숙소에 들어가려면 이 중간 문을 거쳐야만 했다. VIP실 문에는 봉황·공작 휘장으로 대통령 전용실임을 표시했다.

격을 높였다. 이 방은 객실정비(하우스키핑)과장이 정기적으로 점검하고 관리했다. 일반 직원은 이 방에 함부로 들어가지 못했으며, 2~3일에 한 번씩 환기와 청소를 해서 쾌적한 상태를 유지했다.

대통령 전용실 문을 열면 정면 끝으로 12인용 회의 테이블이 보인다. 경호실장을 부르거나 중요 인사를 소집해 간단한 회의를 할 수 있는 공간이었다. 회의실 옆으로 식탁과 싱크대, 간이 주방이 있었다. 이 회의 탁자를 기준으로 옆에 침실이, 오른쪽으로 욕실이 있었다. 방안에 들어서면 아이보리색 양탄자가 발바닥에 푹신 밟힌다. 방안에서는 걸을 때 발소리가 전혀 나지 않아 쾌적한 느낌을 주었다.

6층 객실은 승강기에서 내리면 중앙 복도가 나오고 끝에 대통령 전용실이 있었다. 오른쪽 끝 방 3개, 즉 601호(VIP실), 620호(트리플), 619호(더블)에는 출입을 통제하는 별도의 문이 있어서 대통령 숙소에 들어가려면 이 중간 문을 거쳐야만 했다.

출입문 오른쪽으로는 대형 욕실이 있었다. 욕실에는 몸을 녹이고 안마를 받을 수 있는 사우나 도크와 마사지 침대, 욕조와 의자, 세면대와 변기가 갖춰져 있었다. 출입문 왼쪽은 응접실로 5인용 소파가 있었다. 벽 쪽으로는 비색 청자와 분청사기를 놓은 사방 장식대가, 창 쪽으로는 탁자와 텔레비전이 있었다. 이 탁자에는 모두 3대의 전화기가 나란히 놓여 있었는데, 각각 육군본부와 청와대 등으로 연결되는 직통 전화였다.

응접실과 침실은 시야를 차단하는 칸막이로 구분되었다. 침실은 한가운데에 침대가 있고, 벽 쪽으로 빙 둘러가며 안락의자와 찻잔 탁자, 소형 냉장고, 옷장과 가방대, 화장대와 텔레비전 등이 나지막하게 엎드린 듯 제자리를 잡고 있었다. 침대는 처음엔 2개였으나, 1974년 광복절에 일어난 저격 사건으로 육영수 여사가 죽자 하나로 줄였다. 대통령은 침실에서 탈의를 하는데, 와이셔츠와 속옷을 청와대 전담 비서가 가방에 담아 와 다음날 갈아입을 수 있도록 했다.

경호 불문율

드디어 대통령이 공항에 도착했다!

경호원들이 호텔 주변과 외곽에서 부산하게 움직이고, 환영 나온 인파가 길 건너 인도에서 호텔 앞을 주시하고 있었다. 들리는 말로는 공항에서 호텔에 이르는 광송간도로와 금남로의 3층 이상 건물주들은 모두 신원 조회 대상이라고 했다. 연도의 건물은 모든 창을 닫고 커튼을 내려야 했다. 광송간도로에는 50미터 간격으로 경찰들을 배치했다. 전용차가 통과하는 대로의 샛길은 차량 테러에 대비해 경찰차나 그 밖의 관서(官署) 차를 동원해 샅샅이 차단했다.

호텔 출입구마다 경찰들을 배치했다. 입구에서 6층 전용실, 전용실에서 만찬장에 이르는 모든 동선에 삼엄한 경비가 깔렸다. 특히 외부와 통하는 통로, 내부 복도와 계단 등을 경호원과 경찰이 이중삼중으로 경호했다. 로비 주변은 2층으로 올라가는 계단 통로 앞, 커피숍 입구, 후문 입구에 경호원들을 배치했다. 프런트 데스크 안에도 경호원 한 명을 고정 배치해 나와 캐셔를 근접 감시했다. 경호원들이 굳은 표정으로 동료의 위치를 빈번히 확인하는 것으로 봐서 대통령의 도착이 가까운 듯했다.

삼엄한 경호 속에서 프런트에 서 있는 나도 긴장했다. 정문, 로비, 프런트에 배치된 경호원들이 부동자세로 제자리에 굳은 듯이 섰다. 프런트에 고정 배치된 경호원이 여직원과 나에게 "각하가 도착하면 공손히 인사하고 절대 움직이지 말라"라고 주의를 주었다.

총지배인 이봉범은 준비 상황을 점검하기 위해 호텔 안을 순시하다 7층 승강기 홀 밖의 상황이 자못 궁금해졌다. 살며시 서쪽 창 커튼을 젖히고 금남로를 내다보니, 유동로터리에서 텅 빈 금남로로 진입하는 차량 행렬이 눈에 들어왔다. 선두에서 5대의 경찰 오토바이가 부채꼴 형태로 사이렌을 울리며 앞장서고, 그 뒤로 커다란 검정색 리무진 3대와 검은 승합차가 따라오는 광경이 선명하게 시야에 잡혔다.

그때 중앙 계단을 헐레벌떡 뛰어오며 광주서 형사계장이 총지배인을 향해 소리쳤다.

"야, 거기 뭐하는 거야! 어서 커튼 닫아! 뒈질려고 환장했나. 빨랑 닫아!"

금남로 주변 건물 옥상에서 경계 근무 중인 형사가 호텔 7층 창문 커튼이 젖혀지고 사람이 어른거리는 게 보여, 즉시 무전으로 호텔 경계 형사에게 알린 것이다. 총지배인은 깜짝 놀라 커튼을 닫고 사과했다.

이윽고 검정 리무진이 호텔 앞에 정차하고 차문이 열렸다. 차에서 내린 대통령이 몸을 돌려 연도의 시민들에게 손을 흔들자 요란한 박수소리가 들려왔다. 금남로 건너편 인도에는 시민들이 대통령을 보려고 북새통을 이루었다. 프런트 앞 로비의 경호원이 정문을 주시한 채 부동자세로 왼손을 까닥이며 로비 쪽으로 신호를 보냈다. 그러자 로비의 경호원이 낮은 목소리로 "호텔 사장!"을 지명했다. 로비에 대기하던 송주형 사장이 한발 앞으로 나갔다. 대통령이 차에서 내려 시민들의 환호에 답하고 로비로 들어오자 사장이 허리를 넙죽 구부렸다.

"어서 오십시오, 각하."

"고생이 많소. 하룻밤 신세 좀 집시다."

베이지색 엷은 코트를 입은 대통령이 경호원과 수행원에 둘러싸여 로비를 가로질러 승강기로 접근했다. 승강기 문 앞에 이르렀을 때 차지철 경호실장이 손가방을 들고 따라오던 김계원 비서실장을 어깨로 슬쩍 밀어냈다. 순간적인 동작이었으나, 분명히 승강기에 오르지 못하게끔 비서실장을 제지하는 행동이었다. 승강기에 탄 사람은 결국 엘리베이터 보이, 밀착 경호원, 대통령, 차지철 이렇게 넷이 되었고, 김계원 등은 배제되었다.*

각하의 심기를 건드리지 않기 위한 세심한 경호, 그것이 알 만한 사람에게는 눈에 보인다. 외곽 경호는 내 눈에 보이지 않아 뭐라 말할 수 없으나, 호텔 안에서 만큼은 그것이 어떤 형태로 나타나는지 말할 수 있다. 예를 들어, 우리 호텔에서 평소 승강기를 조작하는 직원은 엘리베이터 보이가 아니라 몸

---

* 김계원은 대통령 비서실장이 되기 전 중앙정보부장(1969. 10~1970. 12)을 역임했으나 돌출하는 성격이 아니었다는 것이 주위의 평이다. 차지철은 권력을 독점하고 싶은 성향 때문에 누구든지 대통령에게 접근하는 것을 배제했고, 결국 당시 중앙정보부장 김재규와 대립해 10·26 때 그가 쏜 총에 제일 먼저 피격당했다.

매가 늘씬한 엘리베이터 걸이었다. 그러나 이날만큼은 키가 작은 웨이터 전동수로 교체했다. 근접 위치에 서는 사람이 키 작은 대통령을 압도하는 느낌을 주지 않기 위한 조치였다. 모시는 사람이 감히 각하의 눈을 마주보거나 내려다볼 수는 없는 노릇이었다. 그래서 작달막하고 싹싹한 전동수에게 정장 차림으로 대기했다가 대통령이 타면 즉시 승강기를 수동으로 작동해 전용실이 있는 6층으로 모시게 했다.

그날 내가 룸랙(room rack, 투숙객을 색깔별로 분류한 카드와 객실 열쇠들을 꽂는 현황판)을 정리하고 있는데, 경호원이 객실 명단을 보다가 601호 카드를 집어 들었다. 그러면서 황금색 룸랙의 VIP 앞에다 V자를 더 써서 건네주며 씩 웃었다. 각하에 대한 최고의 예우를 표시한다는 뜻이었다.

프런트를 점검하고 객실 층을 확인하려고 3층으로 올라갔다. 각하의 도착으로 문이 열린 경호 CP의 무전기가 소란스레 울어댔다. 갑자기 차지철 실장이 방안으로 들어섰다. CP 책임자가 경례를 붙이자 차지철이 아직도 인도에 가득한 인파를 물끄러미 바라보며 투덜거렸다.

"쟤들, 고만 들어가지 그래."

옆에 경호원이 걱정하지 말라는 뜻으로 보고했다.

"다섯 명에 한 명꼴로 사복 경찰을 박았습니다."

"으음 그래."

차지철이 만족한 듯 밖으로 나갔다.

땅딸막한 키에 딱 벌어진 어깨의 차지철은 두 눈썹이 까맣고 멧돼지같이 저돌적인 인상이었다.

각하의 옷, 각하의 구두

직원 숙소가 있는 4층의 플로어 데스크 담당은 고재진이었다. 중앙 계단을 급히 내려온 장일국 프런트과장의 손에는 옷과 구두가 들려 있었다. 장 과장은 이번에 6층 플로어 데스크 담당으로서, 601호 각하의 수발을 들고 다림질할 옷과 닦을 구두를 세탁실에 보내는 임무를 맡았다. 그가 들고 있는 옷을 보니 대통령은 수행비서가 챙겨온 다른 옷으로 갈아입은 모양이었다.

장난기가 발동한 고재진이 말했다.

"장 과장, 각하 껍데기를 홀랑 벗겨부렀네."

우리는 웃으면서도 중앙 계단 끝에 있는 경호원을 의식해 '쉿'하며 손가락으로 입을 막았다. 장 과장은 옷과 구두를 맡기고 6층으로 올라갔다. 고재진은 각하의 검정 옷을 입어보고 내게도 입어보라고 권했다. 그러나 너무 작아서 입을 수가 없었다. 제조사 상표를 보니 이탈리아제였다. 대통령의 신발 역시 이탈리아제였는데, 깃털처럼 가벼웠다. 고재진이 소리 내어 읽었다.

"메이드 인 이태리(Made in Italy)."

내가 서둘렀다. 경호원이 볼까 무서워 얼른 세탁소에 보내고 대기한 구두닦이에게 신발을 맡기면서 빨리 닦아 오도록 당부했다.

플로어 데스크 옆에 서 있는 경찰에게 내가 살며시 말을 붙였다.

"광주서에 계시나요?"

"아뇨, 제주에서 차출되어 어제 왔습니다."

"멀리서 오셨군요."

"네, VIP 계시는 동안만 있다가 돌아갑니다."

경찰 인력은 전남 전 지역에서 차출되어 올라왔다.

만찬장의 대통령

5층 데스크에는 직원 김준모가 앉아 있었다. 그는 여러 차례 대통령을 모시는 행사를 치른 경험이 있어서 태연했다. 5층은 객실이 통째로 수행원들과 고관들에게 배정되어서 경호·경찰 CP가 있는 4층보다 훨씬 조용했다. 중앙 계단 옆 승강기 앞에는 리시버를 꽂은 경호원이 서 있고, 데스크 뒤에는 경찰이 보였다.

5층 하우스키핑 사무실에는 머리가 벗겨진 함진식 과장이 김용호 주임과 대기 중이었다. 경력이 많은 룸메이드 조일님도 나와 있었다. 30대 중반의 메이드는 진한 곤색 원피스에 흰색 앞치마와 스카프를 머리에 단정하게 쓰고, 가슴에는 명찰과 비표를 달았다.

승강기는 6층에 대기했다. 안에 탄 전동수가 계단을 내려가

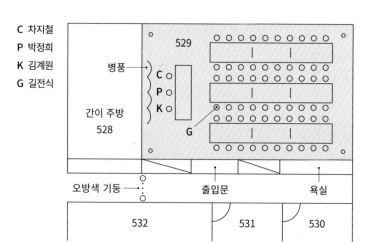

만찬장(529호)은 주빈석 중앙에 대통령이 앉고, 좌우로 김계원과 차지철이 앉았다. 그 앞에 차린 가운데 상 맨 앞에 길전식 공화당 사무총장이 초청된 사람들과 함께 앉았다.

는 나를 보고 V자 손신호를 보냈다. 말쑥한 정장에 흰 장갑을 낀 것이 재롱잔치에 온 꼬마 신사 같았다.

만찬은 7시로 예정되어 있었다. 하얀 위생복을 입은 조리사들이 음식을 담은 큰 그릇을 들고 계단을 걸어서 528호 간이 주방으로 가고 있었다. 숙주나물 사건을 새로 온 정길수 주방장도 익히 알고 있었으므로, 나물 재료가 싱싱한지 각별히 유의했다고 한다.

만찬장으로 자주 사용하는 529호는 승강기에서 내리면 오른쪽 끝에 있었다. 평소에 단체 관광객을 수용하는 대형 온돌

방이었다. 대통령을 영접할 때에는 그 옆 528호를 간이 주방으로 사용해 음식 운반의 편의를 도모하고 따끈한 상태로 음식을 전달했다.

만찬장은 복도 입구 양쪽에 둥근 기둥을 세워 일주문 같은 오방색 장식을 했다. 이 문 안으로 들어가면 신발장과 마루가 나오는데, 신발을 벗고 격자무늬 미닫이문을 양쪽으로 열어 들어가도록 되어 있었다. 만찬장은 50~60명이 함께 식사를 하면서 남도창이나 판소리 같은 소공연을 관람할 수 있는 크기였다.

만찬은 호텔 행사 가운데 매우 중요한 이벤트이므로 숙달된 간부들이 직접 나서서 서빙을 했다. 주빈석을 담당한 장 과장과 나는 음식을 담은 접시를 제자리에 놓으면서 청결 상태를 확인했다. 수행원, 장관, 국회의원 들이 앉을 자리도 4명의 웨이터와 함께 차렸다. 검식 경호원들이 이 모든 절차를 하나하나 지켜보았다. 일반 경호원들도 방 한쪽에 조용히 서서 요리와 찬이 상 위에 차려지는 것을 보고 있었다. 경주법주가 담긴 주전자와 흰색 사기잔을 식탁 옆에 놓았다.

여장을 푼 수행원들이 만찬장으로 들어서고, 지역 국회의원들, 공화당 유지들이 연달아 나타났다. 모든 사람이 제 위치에 앉았다. 잠시 뒤 대통령이 비서실장과 경호실장을 좌우에 대동하고 입장했다. 모두 일어나 박수를 쳤다. 요란한 우레 소리가 잦아들자 대통령이 주빈석에 앉았다. 함께 주빈석에 배정된 사람들도 조심스레 착석했다.

우리는 국과 밥을 가져오기 위해 간이 주방으로 갔다. 조리사들이 황탯국과 뚜껑을 덮은 밥공기를 쟁반 위에 놓았다.

만찬장은 주빈석 중앙에 대통령이 앉고 좌우로 차지철 경호실장과 김계원 비서실장이 앉았다. 그 앞에 3개의 기다란 상이 차려졌는데, 가운데 상 맨 앞에 길전식 공화당 사무총장이 초청된 사람들과 함께 앉았다.

다시 만찬장에 들어가니 술이 한 순배 돈 듯했다. 장발이 화젯거리였다. 대통령의 오른쪽에 김계원 비서실장, 왼쪽에 차지철 경호실장이 앉아 있었다. 대통령이 술잔을 든 채 말했다.

"요즘 말이야. 외국에서 공부를 하고 왔다고 청와대로 찾아온 교수들을 만나면, 하나같이 머리를 길렀더군. 난 그런 장발이 싫어."

그 순간 내가 공기 뚜껑을 열기 위해 허리를 구부렸는데, 대통령이 내 머리를 만지며 말했다.

"그래, 대한민국 젊은이라면 머리가 이 정도는 되어야지."

내가 고개를 들지 못하고 그대로 있자, 대통령이 내 명찰을 보고 물었다.

"홍 군, 장가갔나?"

"아직 안 갔습니다."

"그래, 어서 장가가야지!"

그러면서 대통령이 내 다리 사이로 손을 불쑥 집어넣었다. 나는 꼼짝 못하고 그대로 있었다. 대통령이 빙긋 웃으며 내 옆장 과장에게 눈길을 주었다.

'어이쿠. 호텔맨이라 머리를 기를 수 없어서 머리 기른 친구들을 보면 부럽고 짧은 내 머리가 쪽팔리기도 했는데, 오늘 각하께 이런 말도 듣는구나!'

만찬장의 화제는 다시 국회에서 문제가 된 전주의 손 아무개에게로 옮겨갔다. 듣고 있던 대통령이 차 실장을 쏘아보며 말했다.

"그런 놈은 길거리에서 만나면 배때지를 따버려야지."

그러고나서 앞쪽에 있던 길전식 공화당 사무총장에게 시선을 주었다.

"어이, 전식이 한잔해."

대통령의 손에서 튕기듯이 사기 술잔이 휘익 날아갔다.

"넷, 각하!"

길 총장이 화급히 두 손으로 공중에 뜬 술잔을 받았다. 술잔은 마치 야구공이 글러브에 들어가듯이 길 총장의 두 손 안으로 쏙 들어갔다.

술잔이 분주히 오갔다. 만찬은 별 탈 없이 진행되는 듯했다. 그러다 갑자기 대통령이 말했다.

"오늘 술맛이 나는군."

그러면서 고개를 옆으로 돌렸다.

"여기 클럽 있지?"

누군가 즉답했다.

"네, 2층에 나이트클럽이 있습니다."

곧장 청와대 의전과장이 밖으로 나갔다. 장일국 과장이 대통령 뒤에 선 경호원 옆에 나란히 붙었다. 노련하고 재치 있는 장 과장은 우리 호텔의 엘리트로서 혼자서도 주빈석을 충분히 감당할 수 있었다. 그에게 눈짓을 보내고 나는 급히 밖으로 나갔다.

'비상 상황이다!'

만찬장을 나온 의전과장은 총지배인과 도청 서무과 직원을 불러 나이트클럽으로 향했다. 밴드가 연주하는 조용한 음악이 흘러나오는 가운데 열두어 개의 좌석에 손님들이 앉아 맥주잔을 기울이고 있었다.

급히 무대 바로 앞 홀 중앙에 대통령의 좌석을 차렸다. 남도창을 하는 공옥진 여사를 수배하고, 〈황성옛터〉를 부를 만한 가수를 대기시켰다. 그리고 호스티스 열 명가량을 선발했다. 그 사이 밴드에게 다가가 간단한 지침을 주었다.

이렇게 준비를 마치고서 전갈이 오기를 기다렸다. 만찬이 끝나면 내려올 것이었다. 얼마 뒤 내게 온 전갈은 2차를 취소한다는 것이었다. 대통령은 만찬장에서 객실로 올라갔고, 술과 간단한 새우칵테일 안주가 전용실로 들어갔다고 했다.

프런트에서 객실과 만찬 요금을 중간 집계했다. 이번 행사의 비용 집계 책임은 내게 있었다. 그래서 관련 영업장 캐셔들에게는 1차 마감 밤 12시, 2차 마감 아침 8시, 최종 마감 아침 8시 40분으로 통보해두었다. 대통령이 호텔을 떠나기 10분 전쯤 종합계산서를 청구하기로 지시받았기 때문이었다.

각 부서의 모든 직원들은 퇴근하지 못하고 비상 상태로 대기했다. 각자 3층 정해진 객실에서 잤고, 보일러실과 전기실 담당자들은 철야 근무에 돌입했다.

바람을 쐬러 잠시 호텔 밖 도로로 나갔다. 대통령의 경호차나 전용차 들은 도청 주차장으로 가고, 나머지 차량 몇 대가 호텔 앞 도로가에 있었다. 호텔 옆 골목에는 미니버스처럼 큰 검정색 차가 대기하고 있었다. 나중에 들으니 일선 군부대와 연결된 통신 장비를 갖춘 차라고 했다.

도지사가 가져온 조찬 도시락

다음날 아침 도지사 부부가 차에서 내려 호텔로 들어섰다. 운전기사인지 비서인지 모르겠으나 한 남자가 음식 목판을 들고 뒤따랐다. 당시 대통령의 지방 순시 때면 도지사 관사에서 부인이 직접 만든 조반을 대통령께 올리는 관습이 있었다.

음식이 든 목판을 내가 받아서 앞장섰다. 도지사 부부가 뒤따르는 가운데 6층으로 올라갔다. 전용실을 지키는 경호원이 문을 열어주었다. 우리는 조심스레 방으로 들어갔다. 실내 가운을 입은 대통령이 텔레비전을 보다가 내게로 눈길을 돌렸다. 어제 만찬장에서 모시면서도 눈길 한번 마주치지 못했는데, 이날 아침 보니 광채가 이는 듯 눈빛이 날카롭게 번뜩였다. 대통령의 안광에 흠칫 놀라 고개 숙여 목례를 하니 도지사 부부도 함께 인사를 올렸다.

도지사 부인이 식탁으로 다가가 목판에 든 음식을 소리 나지 않게 한 가지씩 조심스레 차렸다. 놋그릇 접시에 담긴 불고기, 조기구이, 북엇국, 공깃밥, 김, 갓김치, 김치, 나물, 젓갈 등 (12첩 반상 규모)이 가지런히 놓였다. 대통령이 응접실에서 일어나 식탁 쪽으로 다가갔다. 그러면서 옆을 따르는 도지사에게 나지막이 말을 건넸다.

"도지사, 이번에 어디로 가고 싶어?"

내가 착석을 돕기 위해 의자를 조금 뺐다. 식탁에 앉은 대통령에게 도지사가 선 채로 대답했다.

"네, 경기지사로 가고 싶습니다, 각하."

대통령은 아무 말 없이 들었다.

대통령은 불고기 접시와 두어 가지를 옆으로 밀었다. 그릇을 미는 팔을 보니 대통령은 국산 오리엔트 시계를 차고 있었다. 어젯밤 만찬장에서 본 모습과는 사뭇 달랐다. 술잔을 던지며 권할 때나 막말을 할 때는 섬뜩 놀라 긴장했는데, 오늘 아침에 본 대통령은 인자하고 검소했다. 밥 한 그릇을 다 비우지 않고 반 공기 정도만 들고 수저를 놓더니 의자에서 몸을 일으켰다.

내 머릿속에 각인된 대통령은 절대 존엄이었다. 1960년대 초등 시절, 5·16 '혁명 공약'을 외우고 1970년대 유신 체제 아래에서는 '국민교육헌장'을 달달 외워야 했다. 고속도로와 공업 단지를 만들고 산업화를 이룩했다. 보릿고개를 없애고 새마을운동을 일으켜 농촌을 변모시켰다. 이것이 모두 대통령의 영도력 덕분이라고 교육받았다.

나는 '민간 외교관'이란 사명감으로 관광숙박업에 종사하면서 나름대로 국가관을 정립했다. 외국인을 만나고 대할 때마다 더욱 사명감과 긍지를 느꼈다. 독재 정권, 장기 집권이란 말이 피부로 와닿지 않았지만, 유신 찬반 투표에는 반대표를 던졌다. 고위 공무원과 지역 유지, 광주 주재기자들과 만나면서 뉴스를 듣는 귀가 열렸고, 국내외 정세에도 관심을 가지게 되었다. 대통령의 광주 방문은 내 삶의 정신적 이정표에 변화를 주었다. 박정희 대통령은 군인이자 장기 집권의 독재자였을지라도, 검소하고 소박하며 다정한 분이었다.

1979년 대통령 지방 순시 뒤, 전라남도 도지사는 청와대로 불려 올라갔다. 직함은 정무수석. 원했던 경기도지사보다 훨씬 막강한 권력의 심장부로 들어갔으니 영전이었다. 신임 정무수석은 얼마 뒤 광주로 내려와 지역 유지들로부터 축하를 받았다.

현역 시절, 평소 양복 대신 점퍼를 즐겨 입고 소탈했던 도지사는 퇴근 뒤 지역 신문 사회부장 김 아무개와 선술집에서 만나 막걸리를 마시는 장면이 눈에 띄곤 했다. 도지사, 그를 생각하면 최고 인사권자와 상면하던 그날 아침이 떠오른다.

김계원과 차지철

프런트로 내려와 종합계산서를 점검했다. 수행원들과 경호원

들이 7층 레스토랑에서 먹은 아침 식사비와 시외전화 요금 등
이 추가되었다. 총지배인도 사무실에서 내려와 나와 함께 계
산을 점검했다. 그때 3개월 전 경호 선발대가 왔다가 대통령
방문 취소로 생긴 외상이 떠올라 당시 경호 책임자의 서명이
든 계산서를 첨부해 합산했다.

대통령의 출발이 임박한 듯 김계원 비서실장이 프런트
로 전화해 계산서를 가져오라고 했다. 수기로 작성한 계산
서 뭉치를 철끈으로 묶고 호텔 봉투에 담아 총지배인과 함께
618호로 갔다. 방으로 들어서자 비서실장은 상의를 걸쳐 입
다가 응접 테이블을 가리키며 앉으라고 권했다. 이때 본 김계
원 실장은 조용한 교장 선생님처럼 편안한 느낌을 주었다. 곧
바로 손가방을 열더니 현금 뭉치와 수표를 꺼냈다.

"틀림없지요? 두 사람, 여기 서명하시지요."

그가 돈을 헤아려 테이블에 놓으며 말을 덧붙였다.

"자, 이것은 각하께서 주는 10퍼센트 서비스 차지입니다."

총지배인이 사족을 붙였다.

"지난번 경호 선발대가 왔다가 각하의 스케줄 변경으로 외
상을 남긴 것까지 다 정산했습니다. 감사합니다."

우리가 감사의 예를 표하니 김 실장이 말했다.

"외상은 당연히 갚아야 할 것이지요. 수고 많았어요."

김계원 비서실장은 차지철 경호실장과 대조적으로 조용하
고 점잖았다.

장일국 과장은 6층의 데스크에 대기하고, 우리는 1층 프런

트로 내려왔다. 대통령을 배웅해야 했다.

다시 금남로 건너편 인도에 인파가 모여들었다. 먼발치에 서라도 대통령을 보고 싶어 하는 사람들이었다.

로비의 경호원들이 제 위치를 잡고 승강기가 움직인다는 신호를 보냈다. 프런트의 경호원이 "정자세로 서서 각하를 보고 인사하고 절대 움직이지 말라"라고 다시 주의를 주었다. 승강기 문이 열리고 베이지색 코트를 입은 대통령이 나왔다. 대통령은 중절모를 벗어 들고 손을 흔들었다. 로비의 호텔 직원과 둘러선 사람들이 정중히 허리를 구부렸다.

대통령은 호텔 정문에 서서 건너편 연도의 시민들에게 모자를 흔들어 환호에 답례했다. 똑같이 생긴 3대의 검정색 리무진이 호텔 앞에 대기 중이었다. 대통령은 가운데 차에 올랐다. 리무진이 조용히 움직이며 시야에서 멀어졌다. 로비의 경호원과 남은 사람들은 악수하며 어깨를 토닥였다.

선배들이 전하는 말에, 대통령이 하룻밤을 묵고 떠날 때면 침대 베개 위에 지폐를 꺼내 두고 승강기 앞에 서서 배웅하는 직원에게는 잊지 않고 팁을 주었다고 했다. 위층 소식이 궁금해 6층의 장 과장에게 올라갔다. 장 과장이 전용실에 있다가 "대통령도 지갑에 돈을 가지고 다니시던데"라며 방긋 미소를 지었다.

"이거 봐."

장 과장이 5천 원짜리 신권을 살랑살랑 눈앞에 흔들었다.

"승강기 앞에 대기 중일 때 각하가 이걸 꺼내며, '장 군, 수고 많았어'라며 어깨를 두드려주시더라니깐."

그가 보물이라도 되는 양 신권을 지갑에다 넣었다. 그러면서 덧붙였다.

"또, 이 방 침대 베개 위에도 한 장 놓고 가셨더군."

물론 그 돈은 룸메이드 몫이었다. 우리는 놀라운 사실을 발견한 듯 웃었다.

그때 전화벨이 울렸다. 받으니 청와대 교환 같았다. 잡음이 하나도 없는 넓은 공간에서 말하는 듯 맑고 고운 목소리가 각하를 찾았다.

"각하께서는 조금 전 호텔을 출발하셨습니다."

"네, 알겠습니다."

전용실에는 검은색 전화기 3대가 나란히 설치되어 있었다. 각기 요로에 연결되는 직통 전화인데, 내가 받은 것은 청와대 직통이었다.

마침 전용실의 거실 옆 테이블에는 어젯밤 마시다 남긴 나폴레옹 꼬냑 반 병과 새우칵테일이 고스란히 놓여 있었다. 내 뒤를 따라 들어온 플로어맨 고재진과 김준모가 안주를 집어 먹으며 장 과장에게 궁금한 것을 묻기 시작했다.

셋이서 잡담을 나누고 있는데 갑자기 차지철 실장이 들어왔다. 각하를 다른 행사장으로 모신 뒤 무얼 빠뜨렸는지 호텔로 되돌아온 것이다. 우리는 깜짝 놀라 부동자세를 취했다.

"야, 술 남은 거 있지? 그거 안주랑 내 방으로 가져와."

차 실장이 우리에게 이르고 620호로 들어가려고 했다. 우리는 이실직고했다.

"죄송합니다. 술은 있는데, 안주는 저희들이 먹어버렸습니다."

"뭐? 새우 안주를 먹어버렸다고? 이놈들 봐라. 야 이 자식들아, 그걸 니들이 왜 먹어? 엉?"

우리들은 차례대로 서서 구둣발로 무릎 밑을 차이고 주저 앉았다. 그가 붉으락푸르락한 얼굴로 부하들에게 일렀다.

"야, 저 술 가져오고 CP에 있는 무기 가방들, 이 새끼들더러 차에 옮기라고 해."

안주를 먹은 벌이 혹독했다. 우리는 절뚝거리며 321호 경호 CP의 무거운 총기 가방을 양손에 들고 두어 번씩 계단을 오르내리며 경호차에 무기를 실었다. 그때 차인 무릎 밑은 파랗게 멍이 들어 오랫동안 고통을 주었다.

대통령이 다녀간 며칠 뒤 호텔 사장이 간부들을 불렀다. 도청으로부터 받은 연락 때문이었다. 간부들이 사장실에 모였다.

'6층 경호실장 방이 작아 불편하니, 앞으로 좀 더 크고 편안한 방을 준비하라.'

청와대 경호실의 지시였다. 이른바 국기하강식이란 이름으로 경쟁자가 될 만한 고관들을 모조리 불러다 납작 엎드리게 하는 방식으로 권세를 자랑하는 차지철, 그의 지시는 묵살하기 어려운 이행 명령이었다. 결국 송 사장은 6층의 더블룸 2개를 터서 하나의 스위트룸으로 개조하기로 결정했다. 경호실장을 위해 벽을 헐어내고 내부 인테리어를 모조리 바꾼 것이다.

그로부터 불과 몇 개월 뒤 10·26이 터지면서 경호실장 차지철은 중앙정보부장 김재규의 총탄에 맞아 불귀의 객이 되었다. 스위트룸의 호화로움은 그의 차지가 되지 못했다. 권력무상이라고나 할까.

2

광주관광호텔

광주관광호텔의 시작

광주시 동구 금남로 2가 20번지. 1980년 당시 이곳에는 연면
적 3,000평, 지상 8층의 비대한 건물이 인도 쪽으로 포치를
내밀고 서 있었다. 원래 이 자리에는 5층짜리 광주여관이 있
었는데, 김남중이 소유권을 확보해 1965년 지상 8층짜리 건
물로 개축했다. 〈전남일보〉 사주였던 김남중은 당시 왕성하게
활동하던 광주권 유지라서 허가권을 쥔 교통부를 움직여 관
광호텔 인허가를 수월하게 따냈다는 말이 돌았다.

금남로 2가 20번지의 토지 내력을 보면, 1934년 당시 이
지번의 소유자는 경양방죽 인근에 큰 땅을 가지고 있었던 지
주 최 아무개였다가 1938년 광주부로 소유권이 이동했다.
1956년 김남중이 인수한 159평은 지번이 20-2로 나와 있다.

5층짜리 여관을 개축 중인 광주관광호텔의 모습.
(《금남로·중앙로의 역사와 삶》, 광주광역시립민속박물관)

따라서 이보다 앞서 어느 해인가 20번지 222평에서 갈라져 나온 것으로 보인다. 전하는 말로, 김남중은 호텔 신축에 드는 막대한 자금을 한일 국교 정상화 뒤 재일교포에게서 끌어들였다고 한다.

1965년 개업 당시 광주관광호텔은 관광사업법상 2급(무궁화 3개) 수준이었다. 각 층에서 공동 세면장을 이용하는 구식 여관이었다가, 관광진흥법에 따라 시설을 개보수하면서 각 실마다 욕실을 갖춘 현대식 호텔로 바뀌었다. 그러나 옛 건물을 완전히 헐어내 새로 짓지 않고 옛날 뼈대 위에 6~8층을 얹거나 달아내면서 건물 구조가 야릇해졌다.

호텔 1층에는 프런트, 커피숍, 오락실, 보일러실, 전기실, 세탁실과 임대를 준 토산품점, 은행이 있었다. 관광호텔은 지하

8F	창고, 방	
7F	레스토랑, 연회장, 메인 주방, 제과	광주여관 골조
6F	객실, 귀빈실	
5F	객실, 하우스키핑, 단체실(연회)	
4F	객실, 남직원 숙소	
3F	이발소, 미용실, 사무실, 객실, 임대 사무실, 영선실, 창고	
2F	칵테일 라운지, 나이트클럽, 전화 교환실, 직원 식당, 공간	
1F	프런트, 커피숍, 오락실, 기계실, 세탁실, 토산품점, 은행	

1980년 당시 광주관광호텔 층별 시설.

에 주차장이 없었다. 정문은 인도를 점유하고 현관 포치를 만들어 국기를 게양했다. 1층 프런트에 들어서면 로비가 2층 천장까지 시원스레 트였고, 천장에 우아한 샹들리에가 매달려 있었다. 입구 왼쪽은 제일은행에 임대를 놓았고, 그 옆에 도자기와 수석을 파는 가게가 있었다. 도자기 가게에서는 이 지방 명인 고현 조기정의 작품을 전시했으며, 수석은 명품을 진열했다.

현관에 들어서면 로비 옆에 커피숍이 있었다. 후문 쪽 문을 열고 나가면 오락실이 나오고, 후문 경비실을 나가면 충장로로 이어지는 길이 있다. 기관실(보일러실), 세탁실, 전기실, 린넨실(객실에서 쓰는 시트와 침구 등을 보관하는 방)도 모두 1층에 있었다. 오락실 옆에는 남녀 공용 화장실이 있었는데, 호텔의 이미지를 만드는 곳인 만큼 각별히 청결하게 관리했다.

2층에는 칵테일 라운지, 나이트클럽, 직원 식당이 있었다. 이 가운데 나이트클럽은 홀 중앙 기둥 2개를 없애서 탁 트인 시야를 확보했으나, 구조 안전이 걱정스럽기도 했다. 금남로 쪽에는 칵테일 라운지가 있었다. 그 옆의 룸살롱은 1980년 당시 문을 닫은 상태였으며, 나중에 당구장으로 바뀌었다.

1980년에 객실은 총 70개였고 3~6층에 있었다. 3층에는 객실 7개 외에 이발소와 미용실, 관리사무실, 자재 창고, 건설 회사 사무실이 있었다. 4층에는 객실 외에 객실 부서의 남직원 숙소가 있었다. 4층의 호실은 4자를 쓰지 않고 3자를 썼다. 5층에는 객실 외에 하우스키핑 사무실과 소모잡품 창고가 있

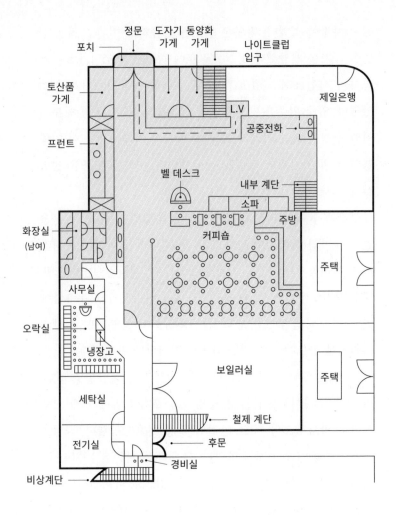

광주관광호텔 1층 평면도. 색칠한 부분이 고객들의 이용 공간이다.

었다. 6층에는 귀빈실과 일반 객실이 있었다.

7층 레스토랑은 아메리칸 조식과 한·중 정식, 양식 풀코스를 웨이터의 시중을 받아가며 즐길 수 있는 광주에서 유일한 곳이었다. 이곳은 상류층의 결혼 피로연, 가족 행사, 소규모 세미나, 출판 기념회 등이 열리는 다목적 공간이었다. 메인 주방 뒤쪽 공간에는 제과실과 대형 냉동냉장 창고가 있었다. 창고에는 육류와 식자재를 보관했다.

8층은 7층 옥상 위에 벽과 천장을 설치해 달아낸 곳으로 조립식 목조 가건물이었다. 창고와 방 2개가 공간의 절반을 차지했고, 나머지는 옥상으로 통하는 공간이었다. 이 공간에는 방열용 자갈이 깔려 있었다. 7층 내부 계단을 통해 8층으로 올라갈 수 있었다. 8층은 한때 맥주홀로 쓰다가 태풍으로 천장이 무너지기도 했다.

한편 호텔 외부를 보면, 금남로를 기준으로 해서 1가 방향으로는 YMCA, 수협, 도청이 있고, 3가 방향으로는 제일교회를 허문 자리에 광주백화점을 신축 중이었다. 그리고 호텔 후문 쪽으로 삼양맨션, 나라서적, 우체국이 차례로 이어졌다. 호텔 옥상에 올라가면 길 건너편으로 전일빌딩이 보이고, 그 오른쪽으로 도청과 무등산이 훤히 보였다. 하지만 호텔 뒤쪽은 건물들에 가려 광주공원 방향이 보이지 않았다.

광주관광호텔은 1989년 말 영업을 종료하고 역사 속으로 사라졌다. 1965년에 개축한 때로부터 따지면 약 25년간 존속한 셈이다.

슬롯머신 오락장

1970년대에 우리나라는 산업 기반이 취약했다. 그래서 정부에서는 '산업입국(産業立國)'이란 구호 아래 굴뚝 없는 산업을 일으켜 세우기 위해 힘을 쏟았다. 국제관광공사를 설립하고, 한강을 굽어보는 곳에 워커힐을 짓고, 서울, 부산, 제주, 경주 등에 크고 작은 호텔을 연달아 세웠다. 또 유명 관광지 육성 정책에 따라 접근 도로, 숙박 편의 시설을 대거 개설했다. 대학에 관광과를 신설해 호텔의 서비스 품격을 한층 높이려는 정책도 이 시기에 중점적으로 시도되었다.

관광 산업이 정부 주도로 육성되면서 인허가라든가 특혜와 관련해 잡음이 끊이지 않았다. 이걸 이용하려는 사기꾼의 행각도 빈발했다. 전국에 관광호텔이 본격적으로 세워지기 전인 자유당 정권 말기, 당시 최대의 관광 명소 경주시에서는 이

光州觀光호텔 ※2-6231代
예약계 ········ 2-4990
나이트크럽 2-4881
          2-4882
나포리다과점 2-2470
無等茶房··· 2-2598   錦南2-20
          2-2698
스카이라운지 2-2396
和食部 ········ 2-2796

1980년 당시 광주권 전화번호부에 등재된 광주관광호텔 부대시설들. 전화번호가 등재된 영업장은 호텔에 출입하는 고객들의 사랑을 받는 독립 사업장이었다.

린 배경 속에서 가짜 이강석 사건이 일어났다.

이승만 대통령의 양아들 이기붕의 장남 흉내를 내며 사기극을 벌이던 주인공이 경주경찰서장과 식사하기 위해 불국사호텔 레스토랑에 마주 앉았다. 가짜 양아들이 양식 요리를 몰라 당황하다가 아무렇게나 주문한 것이 이른바 '훼시메르꼬치'였다. 주문을 받은 레스토랑 웨이터와 요리사는 귀하신 몸이 주문한 메뉴가 뭔지 몰라 영어·불어 사전을 펴놓고 끙끙댔다는 것. 당시 요리 공부나 호텔 공부를 하던 사람들은 이 에피소드를 우스개로 즐겨 사용했다.

산업화가 꽤 이루어진 1980년대에 들어서도 정부는 관광산업에 육성책을 쏟아냈다. 광주항쟁을 유혈 진압하고 들어선 군사정권은 보여주기식 홍보에 열을 올려, 1986년 서울아시안게임과 1988년 서울올림픽을 유치했다. 이와 같은 대규모 국제 행사를 치르려면 수준 높은 숙박 시설이 필수였지만, 당시 형편으로는 좋은 객실을 갖춘 호텔이 크게 부족했다. 궁여지책으로 군사정권은 민간 자본을 끌어들이기 위해 신축 호텔에 몇 가지 특혜를 주었다. 그것이 관광숙박업자에게는 너무나 달콤한 꿀이었다.

보통 호텔을 신축하려면 시설 기준, 사업 계획 승인, 등록 절차가 매우 까다로울 뿐 아니라, 부족한 자금을 융자받는 일이 만만찮았다. 그런데 군사정권이 이들 조건을 완화해주었다. 게다가 부대시설로 40평 규모의 오락장(슬롯머신), 사우나, 나이트클럽, 외국인 면세점 등을 개설할 수 있는 특혜를 주었다.

이 가운데 나이트클럽이나 면세점은 재력가들이라면 누구나 탐내는 영업장이었다. 그러나 그보다 더 큰 폭리를 안겨주는 곳이 바로 외국인 전용 카지노와 슬롯머신이 있는 오락장(속칭 파친코)이었다. 1980년 초 당시 카지노는 서울, 인천 등의 외국인 출입 호텔에만 허가가 나 있었고, 지방에는 설악산, 속리산, 경주, 제주, 부산에만 있었다. 전라도에는 외국인 전용 카지노가 한 군데도 없었다.

그러나 슬롯머신 오락장은 달랐다. 비록 비치할 수 있는 기계 숫자가 제한되어 있기는 했지만(광주관광호텔은 30대), 내국인 출입이 가능해 엄청난 현금을 벌어들일 수 있었다. 한마디로 '돈줄'이었다. 일본의 경우 슬롯머신은 코인을 사서 게임을 하고, 잭팟이 터지면 그 수량만큼 다음에 이용할 수 있는 전표를 얻거나 일상용품으로 바꿀 수 있었다. 겉으로는 건전한 방식이다. 그러나 실제로는 전표를 들고 근처 골목으로 가면 수수료를 떼고 현금으로 바꿔 주는 환전소가 암약하고 있었다.

당시 중소 규모의 여관 업주들은 어떻게든 시설을 증·개축해 관광호텔로 등록하려고 기를 썼다. 돈이 좀 있는 관광숙박업자라면 목 좋은 곳에 있는 호텔주가 되려고 안달했다.

건달들도 가만히 있지 않았다. 그들은 누군가 새로 호텔 오너가 되었다는 풍문이 들려오면 그를 찾아가서 영업장 한 칸을 달라고 대놓고 요구했다. 회유가 안 통하면 협박이 뒤따랐다.

시내 요지에 일반 호텔을 운영하다 관광호텔 사업 계획을 승인받은 영암 출신 갑부 왕발삼도 건달의 살벌한 공갈에 시달렸다. 그는 자기를 찾아온 건달이 주먹 동네에서 모르는 이가 없는 독종이라는 말을 듣고, 도경에서 국장으로 근무하는 친구를 만나 이 문제를 상의했다.

　"어쩌면 좋은가. 내가 관광호텔 사업 승인을 따내 증축을 하려는데, 웬 놈이 엉겨붙었네 글쎄. 그놈이 오락장 지분을 자기에게 달라고 그러지 않나? 딱 잘라 거절했더니 대뜸 그러데. '어따, 영감님 배때지는 철판을 깔았소? 내질러도 안 들어가요? 배고픈 동생이 좀 나눠 먹자고 그라는디 모질게도 굴어쌌네.' 그때 그 녀석 눈구녁을 보니, 여차하면 일을 저지를 놈이데. 그놈 별명이 사시미라든가 회칼이라든가. 칼잡이 독종으로 소문이 짜아 났던데, 하, 난감한 일일세."

　"그놈만 왔던가?"

　"아닐세. 다른 놈도 날 보자고 연락이 왔어. 낌새를 보니 그놈도 오락장에 눈독을 들이는 눈치야."

　"그러면 두 놈들끼리 타협해서 오라고 그래."

　"내가 뭣 한다고 건달 놈들끼리 싸움을 붙인단 말인가. 까딱하면 양쪽에서 별러대는 원수가 되고 말 텐데."

　"어쨌든 일부를 포기하는 게 어때? 비율은 자기들끼리 알아서 나누라 하고."

　"싫네. 앞뒤 없는 무식한 놈들하고 엮이고 싶지 않아. 내겐 소중한 가족이 있네."

"그렇게도 겁이 난가? 백제호텔쯤이라면 요지인데 그걸 각오한 게 아닌가?"

"이미 설계사무소나 건설업체도 선정했는데, 막상 성가신 놈이 둘이나 엉겨붙고 보니 돈 벌 재미보다 목숨 걱정이 앞서네."

"그토록 걱정이라면 되파는 수밖에 없겠군."

결국 왕발삼은 국장에게 새로운 호텔주를 물색해달라고 요청했고, 국장은 평소 안면이 있는 물주에게 의사를 타진해서 인수토록 했다. 왕발삼이 국장에게 복비를 톡톡히 건넸음은 물론이다.

왕발삼은 강단이 약해서 호텔 경영을 포기한 경우이다. 그러나 노련한 사업가들은 호텔 운영상 제휴가 불가피하다고 여겨 일정 지분을 건달에게 넘기는 방식으로 오락장을 공동 경영했다. 광주관광호텔의 경우, 오락장은 주주의 인척이 영업과장이라는 직함으로 매일 출근하며 운영했다. 그 주주는 도경 간부 출신으로 평소에 건달들의 동태를 관찰하는 위치에 있었으므로 건달 다루는 법을 잘 알고 있었다. 주주는 매출 상황을 실시간으로 파악하기 위해 오락장에 자기 사람(영업과장)을 심어두기도 했다. 주주는 경찰 경력 덕분에 관할 부서와 끈이 닿아 있었다.

슬롯머신 오락장의 경영 방식은 보통 주주회사 성격을 띤다. 예를 들어, 건물주가 절반의 지분을 갖고 나머지 절반을 5:10:15:20퍼센트 등으로 힘있는 사람들과 투자 형식으로 나누어 갖는다. 그리고 지분 비율에 따라 자신의 대리인을 직원으로 박아 넣어, 매출 상황을 날마다 파악하고 협잡이나 허위 보고가 끼어들 여지가 없도록 견제 관리한다. 지분이 적은 경우는 운영 책임자에게 믿고 맡겨 제반 비용을 제외한 이익을 지분만큼 배당받는다.

오락장의 이익을 안정적으로 확보하기 위해서는 뒤를 봐주는 사람들이 꼭 필요하다. 예를 들어 허가 관청(경찰서 보안과), 보안대, 정보부, 검사, 세무서 등은 오락장의 명줄과 직결되어 있다. 이들 기관에 얼마만큼의 상납이 이루어지는지는 알 수 없으나, 내부 갈등으로 폭로된 보도를 보면 명절 떡값이 어마어마했다.

오락장은 한마디로 복마전이다. 그 운영에 얽힌 내부 사정은 좀체 드러나지 않는다. 일일 매출, 뇌물의 상납 고리와 배달 통로 등이 모두 영업 비밀이다. 심지어 오락장 근무 직원끼리도 서로의 봉급 내역을 모른다. 그를 거기에 박아 넣은 후견인은 그가 다른 직원들과 깊이 사귀는 것을 원치 않았으며, 정기적으로 맛있는 특별식과 보너스를 줘 관리했다. 영업장에 드나드는 단골과 밖에서 따로 만나는 것을 엄금했고, 안에서 보고 들은 일을 외부에 발설하지 말도록 주지시켰다. 그만큼 비밀이 많고 독특한 특수 영업장이었다.

오락장은 영업 매출을 수기로 작성하면서 절세를 위해 온갖 방법을 썼다. 호텔에서는 위험부담을 감수할 수가 없어, 오락장을 법인 명의로 직영하지 못하고 임대를 줘 관리했다.

오락장은 번듯한 회사 체제다. 관리 조직에서 특이한 것은 총책임자가 1명이 아니고 대개 2명이라는 점이었다. 공동으로 견제 관리하는 체제라는 뜻이다. 다만 호텔 대주주의 친인척이 임차하는 경우 총책임자는 한 사람이었다. 직원으로는 오락기 관리 기사, 캐셔, 홀 책임자, 홀맨, 방송맨 등 15명 정도가 교대로 근무했다. 평일 영업시간은 오전 10시부터 새벽 2시까지였다.

매출액은 날마다 캐셔 2명이 영업일보라는 형식으로 작성했다. 세무회계는 별도 지정한 회계사무소에 맡겼다. 대주주의 관련인에게 임대를 놓은 경우, 호텔 경리 책임자가 관리하기도 했다. 오락장 매출은 직원의 고발 사례나 보도에서 추산할 수 있다. 그에 따르면, 슬롯머신 40대가 있는 오락장에서 지분 5%(기계 2대)를 가진 사람이 월 600만 원을 배당금으로 받는 일이 흔했다. 1980년대 후반 이 정도의 봉급을 받는 사람은 적어도 일반 기업의 사장급이거나, 대기업의 이사급이었다.

오락장을 일컬어 '황금알을 낳는 거위'라고 했다. 당시 50실 규모의 작은 호텔 건축비 및 인허가 관련비가 40억 정도였는데, 오락장 한 곳을 운영해 대략 3년 안에 원금을 회수했다. 그러니 주먹과 권력과 금력이 혈안이 되어 오락장을 운영하겠다고 덤비는 것은 당연했다.

오락장은 야릇한 쾌감을 주는 곳이다. 이 쾌감이 인간 본성에 잠재해 있는 것인지 아닌지는 잘 모르겠으나, 한번 자극받으면 중독으로 나아가기 쉽다. 오락장에 단골로 드나들게 되는 최초의 발단은 호기심, 다음 단계는 경험을 통한 요행의 기대이다. 한번 잭팟의 쾌감을 경험하면 그 행운이 다시금 찾아올 것이라는 기대가 날마다 부풀어 오른다.

기계가 돌아가는 소음, 자욱한 담배 연기, 게임에 빠져 번득이는 사람들의 눈빛. 이것들이 영업장에 넘친다. 미끼인지 알지만 기분 좋게도 담배, 음료, 차는 무료다. 레버를 당길 때의 감촉, 무엇이 터질지 알 수 없는 기대감, 일상의 단조로움을 단번에 깨뜨리는 4축 릴의 요란한 회전.

그림이 맞는 순간.

잭팟!

드디어 터졌다. 내게도 터졌다.

이것이 시작이다. 처음 온 고객은 운 좋게 잭팟을 잡아 돈을 따면 곧장 일어나 뒤도 안 돌아보고 쾌재를 부르며 나간다. 그러나 그의 뒤통수를 바라보며 영업장 책임자는 속으로 중얼거린다.

'또 단골이 생겼다!'

그 고객은 잭팟 잡은 순간을 잊지 못하고 반드시 다시 찾아온다. 딴 돈보다 몇 배를 퍼부으려고.

오락장은 1980년대 중반에서 1990년대 중반까지 전성기를 누렸다. 40대의 기계에 빈자리가 없어, 돈을 잃고 나가는 손님 자리를 차지하기 위해 영업시간 내내 대기자가 줄지어

기다린다. 그러다 자리가 비면 잽싸게 차지해 게임에 몰두한
다. 레버를 쥐고 당기기 전 행운을 기대한다. 그러다 돈을 모
두 잃고 마감시간이 닥치면 허무한 마음으로 일어선다. 포장
마차에서 술 한 잔 기울일 푼돈까지 다 쏟아부었지만, 내일은
한방에 만회하리라는 기대를 품는다.

오락기를 관리하는 기사나 책임자는 고객의 심리를 너무나
잘 안다. 허가 관청에서 배팅 승률을 확인하고 기계를 봉인하
지만, 오락장에서 교묘한 방법으로 잭팟이 자주 나오지 않게
조작한다. 그중 몇 대는 광고 효과를 위해 잭팟이 터지도록 그
대로 둔다.

잭팟이 터지면 홀맨이 소리치고, 방송맨이 축하 멘트를 날
린다.

잭팟이 터진 슬롯머신의 화면. 4개의 릴이 중앙에 하나의 무늬나 숫자를 만들
었을 때 최대 당첨금이 나온다.

"잭팟! 26번, 센터, 포, 바."

기계 근처의 담당 홀맨이 소리치면, 나머지 홀맨 모두가 합창하듯 "26번, 재액, 파앗" 큰소리를 지른다. 그러면 다시 방송맨이 마이크에 대고 "재액, 파앗, 26번, 센터, 포, 바"라고 맞받는다. 영업장 천장이 들썩일 정도로 큰소리가 스피커에서 쏟아지며 쩌렁쩌렁 귀청을 때린다.

방송을 들으면서 캐셔가 사무실 안에서 당첨금을 준비한다. 홀 책임자가 사인한 전표를 창구에 넣으면 캐셔가 현금을 내준다. 현금은 다시 홀맨에게 건네지고, 홀맨이 26번 고객에게 건넨다. 고객은 다른 고객들에게 보란 듯이 돈다발을 높이 든다. 그때를 놓칠세라 홀맨이 다시 소리친다.

"26번, 센터, 포, 바, 잭팟, 70만 원!"

홀맨은 90도로 고개 숙이며 "축하합니다"를 복창한다. 기분 좋은 고객은 홀맨에게 팁으로 몇 만 원을 건넨다. 그 팁은 공동 상자에 들어가 있다가 보름에 한 번씩 오락장 직원들의 보너스가 된다.

이런 식의 요란한 잭팟 축하 의례는 고객들을 흥분시키고 사행심에 불을 지르려는 상술이다. 그러나 고객은 이런 상술을 알면서도 감당할 수 없는 쾌감을 뇌리에 각인한다.

칵테일 라운지
관광호텔 2층에 칵테일 라운지가 있었다. 세계 유명 양주를

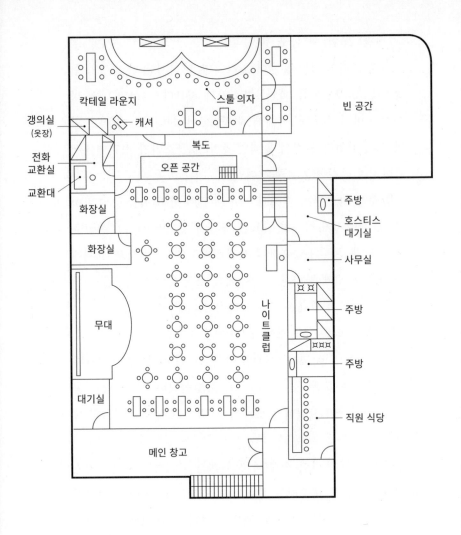

칵테일 라운지

스툴 의자

갱의실
(옷장)

캐셔

전화
교환실

복도

교환대

오픈 공간

화장실

화장실

빈 공간

주방

호스티스
대기실

사무실

무대

나
이
트
클
럽

주방

주방

대기실

직원 식당

메인 창고

광주관광호텔 2층 배치도.

칵테일로 만들어 파는 이 라운지는 한광수 사장의 아이디어였다.

칵테일 라운지는 스툴 의자를 비치한 바, 소파를 놓은 작은 룸 2개, 6~8인용 및 4인용 테이블을 갖춘 전통 수입 양주 시음장이자, 고급 칵테일을 즉석에서 제조하는 품격 있는 영업장이었다. 기다란 칵테일 바는 여성의 가슴 곡선처럼 두 군데가 튀어나오게 만들었고, 그 앞에 스툴 의자를 놓았다. 바텐더가 중앙에 서면 두 개의 기둥이 좌우에 있게 되는데, 두 기둥이 양주 진열장이었다. 고객은 스툴 의자에 앉아 주문하면서 창밖으로 금남로를 내다볼 수 있었다.

한 사장은 위커힐에서 바텐더를 스카웃하고 미모의 마담을 고용해 문을 열었다. 소문이 나면서 광주에서 행세 좀 한다는 사람들이 칵테일 라운지를 찾아와, 토요일에는 빈자리가 없을 정도였다. 그들은 가벼운 칵테일을 마시며 한담을 즐기고, 마담의 환대를 기대했다.

칵테일에 쓰는 양주는 한국관광공사가 운영하는 서울의 용품센터에서 구해왔다. 호텔 운영자들은 호텔협회가 직영하는 용품센터에서 고급 식자재와 향신료를 값싸게 구입하는 혜택을 누렸다. 밀수한 위스키가 암시장을 통해 시중에 나돌았으나, 합법적으로 파는 곳은 여기뿐이었다. 아직 국산 양주는 개발되지 않은 때였다.

고객 중에는 양주의 강력한 향과 높은 도수를 탐하는 사람들이 있었다. 하지만 미모의 마담에게서 서비스를 받을 때의

외부 시선에 만족감을 느끼는 사업가들이 그보다 많았다. 그
들은 이곳에서 성공 가도를 달리고 있는 자신의 위치를 만끽
했고, 교분의 확대를 도모했다. 덕분에 칵테일 바는 성공적으
로 자리를 잡아갔다.

좀 특이한 고객도 있었다. 그는 밤이 이슥해지면 불콰한 얼
굴에 비틀거리는 걸음으로 칵테일 바로 들어섰다. 대한통운
주조운 과장이다. 좌우에는 일행 둘이 딸려 있다. 주 과장은
칵테일을 주문하고 스툴 의자에 털썩 앉는다. 캐셔 아가씨는
그에게 신청곡을 묻지도 않고 〈눈이 내리네〉를 튼다. 노래가
나지막하게 흘러나오면, 주 과장은 창밖 금남로의 차량 불빛
을 내다보며 "한 잔 더"를 연발한다.

첫사랑 유키 하나코(雪花子).

〈눈이 내리네〉는 그 여인과의 추억 때문에 그의 애청곡이었
다. 주 과장은 칵테일 라운지에 들어올 때나 나갈 때나 늘 고
주망태여서 친구들의 부축을 받았다.

언제나 말이 없고 조용해 나는 그를 참 좋아했다. 언젠가 낮
에 대한통운 사무실로 가서 보니 호텔에서 볼 때와는 전혀 딴
사람처럼 총총한 정신으로 열심히 일하고 있었다.

한 사장의 집은 서울이었다. 그래서 호텔 일을 서울 사무소
에서 챙기는 때가 많았다. 광주 현지는 주주인 송주형 사장과
친동생 한동수 이사에게 맡기고, 내려올 때 몰아서 일을 처리
했다. 그날도 심사분석표를 보는데 칵테일 바에서 쓰는 양주

의 소비량과 매출 전표가 차이나는 게 눈에 띄었다. 바텐더가 의심스러웠다.

바텐더가 양주 한 병으로 만드는 칵테일 잔 수를 속이고 양주의 소모량을 조작해 매출을 빼돌렸는데, 관리부서의 심사 담당이 양주 재고량만 믿고 놓친 것이다.* 또한 수기로 작성하는 보고서도 영업 종료 뒤나 다음날 조기 출근해 명확히 기재해야 하는데, 그렇게 하지 않았다. 캐셔까지 부정에 개입한 증거였다.

한 사장은 믿는 도끼에 발등 찍힌 듯 불같이 화를 냈다. 두 직원을 해고하고 바를 폐쇄해버렸다. 한 사장은 내부 수리에 따른 잠정 휴업이라 고지하고, 칵테일 조주 자격을 갖춘 새로운 바텐더 물색에 들어갔다. 그와 함께 영업 방식과 회계 시스템을 어떻게 바꿀지 구상했다.

칵테일 바는 보름 만에 문을 열었다. 일간신문에 새롭게 오픈했다는 광고도 실었다. 남자 바텐더 1명에게만 맡긴 조주 방식을 여성 바텐더 5명이 나누어 서비스하는 체계로 바꾸었다. 그리고 홀에는 고객을 응대하는 접객원 2명을 두었다. 회계 부정을 없애기 위해 영업 마감 뒤 조주 주문서(레시피)에 의한 양주의 재고량을 심사계장이 직접 작성하게 했다.

* 양주 1병에 칵테일 30잔이 나온다. 주문 전표 2장 가운데 한 장은 캐셔에게, 다른 한 장은 주방으로 간다. 캐셔는 일보를 쓰고, 경리과에서는 장부에 등재한다. 여기서 부가세와 봉사료가 붙는다. 총 매출의 각 10%, 총 20%이다.

새로운 영업 방식은 성공적이었다. 남자 대신 미모의 여성을 배치한 전략은 매상을 크게 끌어올렸다. 부드러운 연분홍 조명 아래 유니폼을 입은 여인이 믹서를 흔들면 풍만한 가슴선이 팔의 움직임에 따라 요동쳤고, 스툴 의자에 앉은 고객의 눈은 즐거움에 젖었다. 스트레이트 양주를 선호하던 고객도 여성 바텐더의 율동을 보는 재미로 칵테일을 주문하곤 했다. 이 덕분에 칵테일 라운지는 광주의 사업계와 문화계 인사들이 즐겨 찾는 사교장으로 자리를 잡아갔다.

바텐더나 마담 등은 서울의 호텔에서 데려왔다. 이들에게 숙소가 있어야 했으므로, 호텔에서 가까운 황금동에 있는 2층짜리 여관을 매입해 16실 정도의 침실과 주방을 갖춘 숙소로 개조했다. 여직원들은 모두 이곳에 거주했으며, 나이트클럽의 밴드나 외지 출신 직원들도 여기에 우선 입숙할 수 있었다.

한 사장은 호텔 운영에 탁월한 재주가 있었다. 1973년 첫 유류파동이 났다. 객실 가동률은 떨어지는데 난방비는 훌쩍 뛰어 골머리가 아팠다. 그때 한 사장은 남다른 발상으로 사업 감각을 발휘했다. 한 사장이 보일러실장을 불렀다.

"내일부터 벙커C유를 두 배로 써서 난방을 하게."

당시 난방 연료는 벙커C유였다. 지시를 받은 보일러실장은 "예"라고 대답하고는 그렇게 실행하지 않았다.

한 사장이 다음날 다시 실장을 불러 이유를 캐물었다. 그러자 실장은 '하루가 다르게 유가가 뛰는데 호텔을 망해먹으려고 그런 지시를 내리느냐. 이전 사장님은 아끼라고 하셨다'라면서, 석유 한 방울 나지 않는 나라에서 나는 그럴 수 없노라고 나름의 국가관까지 들먹이며 대들었다. 한 사장은 보일러 실장을 해고하고 새로운 실장에게 보일러 가동을 지시했다.

얼마 후 훈훈한 객실과 영업장 덕분에 손님이 늘어났다. 추운 겨울 따뜻한 호텔은 온기만큼 안락해져서 고객의 불평이 줄고, 따뜻한 호텔이라고 소문이 퍼진 것이다.

나이트클럽

커피숍과 레스토랑은 한산했지만 나이트클럽은 제법 손님이 있었다. 관광호텔 나이트클럽은 부잣집 아들들이나 젊은 사업가들이 주로 이용했다. 일반 청년들은 생맥주 홀이나 도심의 작은 고고장에 가는 시대였다. 호텔 커피숍은 지역 상류층의 아지트였고 외래객들의 비즈니스장이었다. 관광호텔의 서비스는 당시 광주 상류층의 전유물이었다.

새로운 5인조 밴드의 경쾌한 음악에 맞춰 플로어에서는 젊은 남녀들이 춤을 춘다. 무대와 플로어에 쏟아지는 레이저 조명이 좌석에 앉아 술 마시는 사람들을 연신 플로어로 끌어들인다. 화장을 짙게 하고 드레스를 입은 호스티스들이 좌석을 오가는 사이로 선정적인 몸놀림의 여성 보컬이 술꾼들의 기분을 한껏 고조시킨다. 환락, 유혹, 이런 단어가 피부로 느껴지는 곳이다.

광주에서는 유일하게 관광호텔 나이트클럽에서만 서울에서 데려온 밴드의 생음악을 들려주었다. 몸매가 빼어난 미녀들의 스트립쇼도 이곳에서 볼 수 있었다. 스트립쇼는 무희의 몸매와 조명과 음악의 기묘한 조합이었다. 조명은 어슴푸레한 밝기와 다초점 광원(光源)으로 무희의 몸매에 굴곡을 선명하게 만든다. 귀에 끈적끈적 달라붙는 색스폰 반주에 맞춰 콧구멍으로 흘리는 가수의 비음이 신음처럼 이어진다. 집중 조명을 받는 무대에서 무희(하나 또는 둘)는 번쩍거리는 겉옷을 하나씩 벗다가 브래지어를 벗어던진다. 실오라기 같은 팬티만 남았을 때 조명이 꺼진다.

고객 유치에 절대적인 스트립쇼는 원색적인 욕망을 자극하되 품격을 잃지 않아야만 하는 기준이 있었다. 하지만 항상 이 기준이 위태로웠다. 관에서는 풍속을 해친다는 이유로 스트립쇼에 제동을 걸었고, 그때마다 호텔 매출은 큰 영향을 받았다.

나이트클럽에는 '멤버'라는 직함이 있었다. 멤버의 사전 풀이는 '일원, 구성원'이지만, 나이트클럽에서는 전혀 그런 뜻이 아니다. 모처럼 친구들과 여흥을 즐기려고 나이트클럽에 갈 때 동성끼리만 모여 술잔을 기울이는가? 아마 술자리는 밋밋할 게 뻔하다. 이때 호기를 부려 찾는 것이 멤버다. 멤버는 고객의 좌석에 함께 배석하는 파트너를 조달하는 역할이다. 고객이 얼마나 젊고 예쁜 미녀를 파트너로 배정받느냐는 멤버의 손에 달렸다.

남성 바이어를 모시고 가는 사업자는 만족할 만한 파트너를 안겨주어야 좋은 결과를 예견할 수 있기 때문에 멤버에게 아는 호스티스의 번호나 이름을 지정해 예약한다. 바이어가 그 파트너에게 흡족해하면, 사업자는 멤버에게 쏠쏠한 팁을 주고 넌지시 2차 성 접대가 이루어지도록 주선한다.

멤버는 성매매를 원하는 남성과 상대 여성 사이에서 수입을 얻는 직종이다. 요즘과 달리 수요자와 판매자가 직거래할 수 없는 시절, 멤버는 호스티스와 고객을 대면해 화대의 일부를 뜯었다. 멤버의 외박 지시, 즉 고객과의 2차 지시에 불응하는 호스티스는 눈 밖에 나서 좋은 고객의 테이블을 배정받지 못했다. 주사가 심하거나 매너가 더러운 고객에게 데어본 호스티스는 자기의 생존이 멤버에게 달렸다는 것을 알고 멤버의 말을 무섭게 여겼다.

멤버는 밤의 여인들을 어떻게 조달했을까? 멤버의 세계에서 성공 여부는 얼마나 미인들을 많이 확보하느냐에 달려 있다. 이를 위해서는 멤버 자신의 됨됨이가 매력적이어야 하지만, 동시에 사람을 부리는 기술이 필요했다. 여러 사람을 거느리는 만큼 그들의 경쟁력을 유발하고, 곁에 있고 싶다는 마음이 들도록 끊임없이 자극해야 했다. 도망가면 무사하지 못할 거라는 공포심으로 여인을 묶어두는 경우도 있었으나, 이런 경우 결말은 행복하지 못했다.

멤버로 성공하기 위해서는 자금력이 중요했다. 그래서 후원자를 두기도 했다. 돈을 마련한 멤버는 아가씨들이 넘치는 곳으로 갔다. 1980년대에 외항선이 드나드는 부산이나 수출자유지역단지가 있는 마산에는 유흥업이 번창해 미모가 빼어난 여성들이 모여들었다. 그래서 광주권에서는 그곳을 호스티스 조달처로 삼아 뻔질나게 들락거리는 멤버들이 많았다.

대개 밤의 여인들은 업주에게 선금을 받아 써서 사실상 인신의 자유를 잃은 상태로 일했다. 여인들은 유흥업계에 발을 들여놓는 순간 불가피하게 먹이사슬에 묶였다. 밥값, 방세, 옷값, 화장품값, 모두가 빚이었다. 업주는 이것을 노리고 일수를 놓아 여인들을 더욱 깊은 구렁텅이로 빠뜨렸다. 멤버가 이런 여인을 빼내 오려면 업주에게 빚진 선금, 속칭 마에낑(前金)을 갚아주어야 했다.

뒷돈을 댈 능력이 없는 멤버는 신출내기 발굴에 주력했다. 이 경우에는 교육을 시켜 직업에 익숙하도록 키우는데 시간이 든다. 자칫 관계가 틀어지면 기왕 들인 노력이 허사가 되고 만다. 사람을 휘어잡는 것이 얼마나 힘든 일인가를 깨달아가면서 멤버는 경력을 쌓는다.

미모가 출중한 여인들을 확보하려면 남다른 노력과 노하우가 필요했다. 이때 가장 흔히 쓰는 방법은 데리고 있는 호스티스가 물어오게 하는 것이었다. 그들이야말로 돈이 궁한 사정에 놓인 후배나 동료를 잘 알고 있었다. 유흥업소에 발을 디디는 여인들은 가정 형편상 학업을 중단해 일반 직장에 취업할 수 없는 경우가 대부분이었다. 다방 등지에서 일하다 술집으로 진출하는 경우가 태반인데, 사연은 제각각이었다.

사람들은 멤버를 화대에 기생하는 놈들이라며 깔보았지만, 정작 그 세계에서 안착한 멤버들을 보면 나름대로 인간미가 있고 사람 다루는 기술이 있었다. 멤버는 옛날 말로는 채홍사, 요즘 말로는 물 관리사이다. 유능한 멤버는 나이트클럽에 상큼한 꽃과 싱싱한 물을 대서 물고기들이 몰려들게 만들었다. 그들이 적극적으로 움직이지 않고서는 물 좋은 나이트클럽이 될 수 없었다. 그런 의미에서 멤버는 영업장을 일으켜 세우는 흥행사라고 할 수도 있었다.

이발소

호텔에 입주한 이발소는 기관장과 관내 유지들이 출입하는 단골 업소였다. 그런 만큼 일반인들은 쉽게 이용하기 어려웠다. 커트, 염색, 면도, 손톱 손질, 코털 제거, 귀지 파기, 거기에다 안마까지 곁들이면 온몸이 나른해지면서 낮잠이 솔솔 온다. 단잠에서 깨어나면, 힐러(구두 뒤축에 발이 들어가기 쉽게 돕는 대나무)를 든 아가씨가 출구에 놓인 반짝거리는 구두 앞에서 대기하고 있다. 바깥 바람이 신선하고 상쾌하다. 바로 이런 맛에 유지들은 휴식 장소로 사우나와 이발소를 빈번히 이용했다.

1977년의 일이다. 이발사 김 씨가 지방 순시차 내려온 박정희 대통령의 머리 손질을 위해 대기 지시를 받았다. 김 씨는 6층으로 올라가기 전 이발소에서 가위와 바리캉 등을 가방에 담으며 최상의 상태인지 확인했다. 얼마 뒤 검측팀 경호원이 내려와 위생복에 비표를 부착하면서 주의를 주었다.

"면도기는 가져갈 것 없소. 양날 안전면도기로 대신하니 그걸로 준비하시오."

각하의 용안에 칼을 대는 것에 경호원은 부담을 느끼고 칼날이 섬뜩하게 노출되는 일반 면도날을 금지한 것이다. 김 씨는 경호원을 따라 승강기를 타고 6층에 내렸다. 전용실 입구에서 경호실장이 기다리고 있다가 김 씨를 쏘아보며 모질게 엄포를 놓았다.

"너, 각하가 어떤 분인지 알지? 각하는 하늘이고 대한민국이다. 가위질하고 면도할 때 실수는 용납되지 않는다. 특히 주의할 점, 각하가 묻는 말 외에 주둥아리 나불대지 말 것. 알았지? 따라와."

검정 송충이 두 마리 같은 짙은 눈썹을 가진 차지철 경호실장이 눈알을 부라렸다. 그 서슬에 김 씨는 등줄기가 썰렁해지는 걸 느끼며 뒤따라 전용실 안쪽 욕실로 들어갔다.

대통령은 좌식 의자에 속옷만 입고 묵상에 잠겨 있다가 경호실장이 "각하, 이발사 대령했습니다"라고 보고하자, "으음" 하고 자세를 고쳐 앉았다.

김 씨는 즉시 준비해간 가방을 열었다. 이발용 다우다(태피터) 천을 꺼내 조심스레 대통령의 목에 둘러 아래쪽으로 내려뜨렸다. 그리고 가위와 빗을 들고 공손히 머리를 다듬기 시작했다. 경호실장이 자리를 뜨고 욕실문 밖에 수석경호원이 서 있는 상태에서 이발이 시작되었다.

정적이 흘렀다. 가위의 양날에 사각사각 머리카락이 잘려 나가는 소리만이 정적을 깨뜨렸다. 문득 대통령이 질문을 던졌다.

"임자, 광주에서 오래 살았나?"

"네, 각하."

"그래, 광주에 살면서 그동안 뭐 불편한 거 없나?"

김 씨는 무슨 말을 해야 할지 잠시 망설이다가 짧게 대답했다.

"각하, 광주는 수돗물 사정이 좋지 않습니다. 자주 단수가 됩니다."

"그래?"

대통령은 아무 말이 없었다.

간단한 이발과 면도를 마친 김 씨는 잰걸음으로 전용실을 물러나왔다. 대통령에게 드린 답변에 뒤탈이 없을지 불안감을 떨쳐버릴 수 없었다. 방에 들어가기 전 경호실장의 훈시용 엄포가 마음에 걸렸던 것이다.

그 뒤 도정 보고장에서 대통령은 수돗물 사정을 추궁했다. 광주시는 대통령의 관심으로 세계은행 차관을 빌려 와 화순 동복댐의 수위를 높이는 공사에 착수했다. 수량을 확보하기 위해서였다. 그 바람에 천혜의 절경 적벽이 물에 잠기긴 했으나, 수돗물 공급은 전보다 훨씬 나아졌다.

공무원이 그동안 풀지 못한 일을 일개 이발사가 풀었다는 소문이 돌았다. 덩달아 김 씨의 얼굴에 희색이 번졌다.

그림 도둑

우리 호텔 객실 이용자는 여행사가 인솔하는 단체 관광객, 재일교포, 중앙정보부의 산업 시찰단, 장기 체류 외국인 엔지니어, 비즈니스 바이어, 광주권 기업체나 관공서 방문객, 신혼부부, 나이트클럽 고객 등이었다. 여행사의 단체객이 투숙하는 날에는 운전기사나 통역 가이드에게 내줄 방이 없어서 근처의 깨끗한 장급 여관으로 안내했다.

모든 객실에는 프런트로 연결되는 공전식 전화기(교환원을 불러 연결하는 전화)가 있었다. 그리고 벽면에는 예향 광주의 서화류를 내걸었고, 한식 스위트룸에는 산수화 병풍이나 십자수 병풍을 비치했다. 그림은 모두 진품이었다.

동양화 가운데 의재 허백련의 그림이 인기였다. 당시 전라남도에 부임하는 기관장들은 허 옹의 화실에 찾아가 문안을 드리고, 가져온 손부채에 먹물이나 찍어주십사 청해 산수유 그림을 받아가곤 했다. 국회의원에 출마하는 사람들 역시 대량으로 그림을 주문해 그것으로 선거 자금을 만들어 쓴다는 소문이 나돌았다. 그림은 현찰 대용이었다. 그래서 남도 곳곳의 숙박업소나 식당에는 동양화가 몇 점씩 걸려 있었다.

김남중 대표가 호텔을 직영하던 1968년경, 우리 호텔에는 천경자 화백이 전남여고 교사로 재직하면서 객실 한 개를 작업실로 쓰기도 했다. 천 화백은 수십 개의 원색 물감 접시를 잔뜩 벌려두고 작품을 완성했는데, 소장하고 싶어 하는 사람들이 많아 그림 값이 굉장했다.

1978년의 일이다. 손가방을 든 멋진 중년 남자가 프런트에 등록했다. 묻지도 않았는데 광주에 새 사업 마케팅차 방문했다고 자신을 소개했다.

이 고객은 무척이나 까다로웠다. 일주일 투숙하는 동안 옆방에 소음이 들린다는 둥, 빵빵거리는 차 소리에 잠을 못 잤다는 둥 핑계를 대며 매일 다른 층 다른 방으로 옮겨 다녔다. 그렇게 매일 방을 바꿔 지내다가 체크아웃을 하는데, 올 때 들고 온 손가방이 마케팅 결과인지 커다란 트렁크로 바뀌어 있었다.

얼마 뒤 객실을 점검하던 하우스키퍼는 이상한 점을 발견했다. 평소에 좋아하던 순천 출신 청당 화백의 등나무 그림 액자가 약간 삐뚤어져 있는데다 그림 맛이 예전과 달랐다. 내려서 보니, 뒷면에 정교하게 도려낸 흔적이 있고 그림은 비슷한 복사본으로 교체되어 있었다. 다른 방에 걸린 목포 출신 남농 화백의 소나무 그림도 비슷한 복사본으로 바뀌어 있었다.

프런트에 등록된 그 고객의 카드를 보니 주소와 주민번호가 모두 가짜였다. 이와 비슷한 그림 도난 사건이 광주 고급 여관에서도 연이어 일어났다. 이후 호텔에서는 로비와 영업장에는 진품을 걸었지만, 일반 객실에는 모조품을 비치했다.

월례 조찬 기관장회의

도청과 한 블록 떨어진 거리에 있는 광주관광호텔은 전라남도의 영빈관 역할을 했다. 도청의 각종 행사는 호텔의 협력 속에서 치러졌다. 호텔에서는 곧잘 출장뷔페를 맡아 도청에서 지정한 곳으로 출동하기도 했다. 그래서 호텔 관계자들은 관련 주무 부서인 내무국 산하 서무과 직원들과 회사 동료처럼 터놓고 지냈다.

도청에서 주관하는 세미나와 회의는 호텔 7층의 코스모스홀(약 50평)과 레스토랑에서 열렸다. 대형 객실인 한실 스위트룸을 파티 장소로 썼다. 중앙에서 고위직이 오면 호텔 객실에 묵는데, 이때 도청과 도경의 간부들이 나와 나이트클럽 호스티스를 배석시킨 술자리를 만들어 접대하곤 했다.

호텔에서 치르는 중요한 행사 가운데 기관장회의가 있었다. 매월 첫 주 월요일, 도지사를 비롯한 도내 기관장들이 모여 조찬을 겸한 회의를 열었다. 호텔 측도 매달 이날은 홀을 비워두고 다른 예약을 받지 않았다. 회의가 닥치면 도청 서무계 주무관은 기관장 조찬회에 참석하는 사람들 숫자를 호텔에 알리며 준비하도록 했다.

호텔은 즉시 테이블 꾸미는 일에 착수했다. 테이블 중앙에 놓을 화분과 꽃을 준비하고 참석자 명패 등을 서무과의 협조 아래 작성했다. 명패를 쓸 때는 직함이 정확해야 하고, 당시에는 한자를 썼기 때문에 이름에 오자가 없어야 했다. 이 일은 아무나 할 수 없어서 도청의 협조가 필수적이었다. 그렇지만 명패 쓰기는 명패 놓는 일에 비하면 아무것도 아니었다.

조찬 모임은 아침 8시경에 시작되었다. 기관장들이 타고 온 차들은 지하 주차장이 없는 관계로 호텔 정문 앞 금남로 도로가에 주차했다. 검정색 관용차들이 주르르 늘어선 사이로 범퍼 위에 번쩍거리는 별판이 붙고 기다란 안테나가 달린 군용 지프차도 있어서 행인의 이목을 끌었다. 상무대와 31사단에서 장성이 타고 온 차들이었다.

먼저 온 사람들이 7층 연회장 앞 로비에서 담소를 나누며 도지사가 도착하기를 기다렸다. 이윽고 도지사가 도착하자 모두 명패가 있는 자리에 착석했다. 군 장성은 허리에 차고 온 권총 벨트를 풀어 호기롭게 부관에게 맡기기도 하고, 부득이 부대장 대신 참석한 군인은 여기서 조우한 상급 부대장에게 거수경례를 붙이기도 했다.

조찬 모임은 관내 기관장들이 돌아가며 유사(당번제 행사 책임자)를 맡아 당일 비용을 치르는 회원제 방식이었다. 회원은 55명 정도가 정원이었으나, 매월 참석하는 실제 숫자는 40명 안팎이었다.

회의장 자리는 타원형 원탁이었다. 원탁은 회의 참석자들이 동등한 지위라는 것을 가정하지만, 실제로는 결코 동등하지 않았다. 참석자는 아무나 내키는 자리에 앉는 게 아니고 명패가 있는 지정석에 앉아야 했다. 호텔에서 제일 신경을 쓰는 것이 이 자리 배치였다. 회의 주재자(도지사)가 중앙에 앉고 기관의 위상과 직급을 반영해 도지사와 가까운 곳에서부터 서열을 매겨 자리를 배치했다.

자리 배치는 그 기관의 위상을 명시적으로 드러내는 것이라서 미묘한 힘겨루기가 행사 뒤 컴플레인(불평)의 형태로 들어오곤 했다. 그래서 호텔에서는 지난달 배치를 중시했고, 특별히 회의에서 목소리를 높이는 기관에 주목했다. 물론 참석자의 자리 배치는 호텔이 가진 전권이 아니라 도청의 위임에 따른 것이었다.

보통 타원형 원탁의 주재석(좌장석)은 벽을 등지고 금남로 창 쪽을 바라보는 중앙에 마련되었다. 주재석의 오른쪽에는 전남대 총장, 왼쪽에는 조선대 총장이 앉았다. 이어서 시계 방향으로 전교사 사령관, 언론사(〈전남일보〉 사장, 〈전남매일〉 사장, 〈광주MBC〉 사장. 〈KBS〉 광주지사장 등), 중앙정보부 분실장, 505보안대장, 31사단장, 법원장, 고등검사장, 교육감, 그 외 국영 기업체 및 공공 단체장 순으로 앉았다. 처음 참석한 신임 기관장은 국민의례 직후 회의 시작에 앞서 참석자를 소개할 때 일어나 부동자세로 자기소개를 했다.

회의가 시작되면 대기하던 웨이터들이 기관장들에게 다가가 조용히 주문을 받았다. 정해진 메뉴는 양식 브렉퍼스트인

데, 주스류(오렌지, 파인애플, 토마토), 토스트류(시리얼, 시나몬 케이크), 계란 요리(삶은 계란, 반숙 계란, 스크램블, 햄, 베이컨), 다류(홍차, 커피, 녹차)를 취향대로 고를 수 있었다. 간혹 전날의 숙취 때문에 양식 대신 북엇국과 공깃밥을 요구하는 이도 있었다.

식사를 하면서 지난달과 이달의 주요 사안을 거론했다. 논의할 사항이 있는 기관은 미리 도청과 조율했다가 회의에 나와 안건을 제시하고 관련 기관의 의견을 들었다. 그 밖의 토론 안건은 도지사가 제시했는데, 대개는 중앙정부의 지시에 따른 기관별 집행 사항이었다. 사회는 반공연맹회장이나 재향군인회장이 맡았다.

10·26 뒤 조찬회는 눈치를 살피는 자리로 바뀌었다. 종신토록 이어질 것 같았던 유신 체제의 심장이 멈추자 참석자들은 아연 긴장했다. 사건의 전모를 발표하는 기자 회견장에 머리가 훌렁 벗겨진 전두환이 나와 사나운 눈빛을 번뜩일 때 정국은 경색되고, 군부의 움직임은 초미의 관심사가 되었다. 대통령의 유고는 청천벽력이었으나 동시에 현실이었다. 참석자들은 할 말을 잃은 듯 모두 입을 다물었다. 그러나 보안대장은 점차 목소리에 힘을 넣고 있었다. 다른 기관장들은 꿀 먹은 벙어리인양 침묵했고, 언론사 사장들도 굳은 표정으로 보안대장의 발언을 경청했다.

그해 겨울, 12·12 쿠데타가 외신에 보도되었다. 전두환이 육군참모총장 정승화를 끌어내리고 군권을 장악했다는 소문이 파다했다. 국내 언론은 검열 때문에 아무런 보도를 하지 않았다. 이날 새벽 단국대학교 인근 육군총장 관사 앞에 탱크가 어둠을 뚫고 진주하는 바람에 극심한 교통 체증이 일어났으나, 출근 시민들은 무엇 때문에 길이 그리 막히는지 알지 못했다.

이듬해 1980년 봄이 되자 대학 캠퍼스를 중심으로 거센 요구가 터져 나왔다. 조선대에서는 총장 퇴진, 전남대에서는 어용 교수 퇴진 등이 첨예한 문제로 떠올랐다. 또한 호남전기 여공들의 노동쟁의도 점차 뜨거워졌다. 그와 더불어 월례 기관장회의는 중지되었다.

월례 기관장회의가 다시 소집된 것은 광주항쟁이 진압된 뒤였다. 새로 열린 조찬 회동은 몇 가지 점에서 변화가 있었다. 먼저 회의를 주재하던 도지사가 바뀌었다. 동시에 도지사 좌우에 앉았던 두 대학 총장들의 면면도 바뀌고 자리도 바뀌었다. 발언은 보안대, 반공연맹, 재향군인회가 쏟아냈고 결론을 주도했다. 이들이 북 치고 장구 치는 식이 되면서 기관장회의는 전두환을 대통령으로 옹립하는 계획을 뒷받침하는 기구가 되었다.

3

달아오르는 시가지

5월 12일~17일

12일 _ 칵테일 라운지의 기자들

호텔 사장실에서 송주형 사장이 간부회의를 주재했다. 송 사장은 도경 경장 출신으로, 전임 한광수 사장 시절에 지분을 가지고 있다가 한 사장이 전주관광호텔을 인수해 떠나자 1980년 초에 호텔 대표로 취임했다. 과장급 이상이 참석한 이날 회의에서는 시국 변화와 경기 침체, 학생 시위 등에 따른 호텔 매출 감소를 걱정했다. 서울여행사가 주선한 외국인 단체 관광객이나 산업 시찰단도 오지 않아 객실 가동률은 60퍼센트 선으로 떨어졌고, 나이트클럽 등 모든 영업장이 한산했다. 10·26 이후 경기 침체는 눈에 띌 정도였다.

8시쯤 주재기자(《조선일보》 조일흠)와 전남대 학생인 듯한 사람이 테이블에 앉아 밀담을 나누다가, 기자들이 하나둘 들어

오자 학생은 조용히 일어나 자리를 떴다. 기자 다섯 명은 시국 이야기와 농담으로 웃고 투덜댔다.

"기사를 써서 데스크에 보냈는데 싣지를 못했네. 보도 검열* 때문에 못해먹겠네."

"우린 오늘 빈칸으로 내보냈네. 빈칸을 보면 독자들도 우리 게으름 때문에 기사가 못 나간 게 아니고 검열 때문이라는 걸 아마 눈치채겠지."

기자들은 바 안에 서 있는 여직원들과 함께 조용히 말석에 앉아 있는 나에게 들으라는 듯 말했다.

"오늘 이대와 숙대에서 전대와 조대 학생회에 소포가 배달 되었다네. 안에 뭣이 들었는지 아시는가?"

"뭣이였당가?"

"면도날 박스였더라네. 서울 학생들은 난리인데, 지방대 너 희들은 뭐 하느냐, 거시기를 모두 잘라 버리라는 비아냥, 조 롱이 아니겠나."

---

* 언론 보도 검열은 1979년 10월 26일 대통령 유고로 비상계엄이 선 포되면서 실시되었다. 광주 지역의 경우 검열을 실행한 주체는 계엄 사령부 전남북 계엄분소(상무대)였다. 현역 군인들이 검열관으로 있으면서 가편집한 신문 지면과 방송 대본을 날마다 가져오게 해 사 전에 검열했다. '삭제, 부분 삭제, 제목 교체, 사진 게재 불가' 등을 결 정해 보도 내용을 세밀하게 통제했다. 보도 검열은 1981년 1월 계엄 이 해제된 뒤에도 전두환 집권 기간 내내 이루어졌으며, 그 실상이 1986년 9월 김태홍 기자 등이 〈말〉지에 폭로한 '보도지침'을 통해 세상에 알려졌다. 전두환 집권기에는 검열을 거치지 않고서는 단 한 줄의 기사, 단 한마디의 방송도 나갈 수 없었다.

〈경향신문〉이일홍 기자의 말에 좌중은 박장대소했다.

13일 _ 검열받는 신문과 방송

영업과장인 내게는 호텔의 모든 영업장(객실, 식당, 나이트클럽, 칵테일 라운지)에서 재량에 의한 접대권한(컴플리멘터리 올차지)이 있었다. 경영자를 대리하는 일선 영업 책임자의 특권으로, 매뉴얼과 규정에 얽매여 있는 체인 호텔과 다른 시스템이었다. 광주관광호텔은 부서장의 권한을 인정했는데, 그런 권한은 전임 심일훈 사장 이래 이어졌다.

영업장을 순회하고 칵테일 라운지에 들어서니 주재기자들이 죄다 모인 듯 라운지 한쪽을 차지하고 있었다. 보아하니 오늘도 신문사 편집국과 보도 검열에서 받은 스트레스를 푸는 모양이었다. 방송국 기자들까지 동석한 것이 심상찮았다. 맥주 몇 병을 서비스로 드리라고 여직원에게 지시하고 말석에 앉았다.

오늘도 농담 잘하는 〈경향신문〉이일홍 기자와 〈조선일보〉조일흠 기자가 대화를 이끌었다. 배석한 이는 〈MBC〉배일철 기자, 일곡장식 사장, 그 외 일행 한 명이었다.

"KBS가 무엇인가? 코리아 밧데리 숍이 아니런가."

한 기자의 비아냥에 다른 기자가 화답했다.

"그람 MBC는 무엇인가? 물봉*센터 아니런가."

---

* 물봉이란 맹물, 허수아비, 꼭두각시란 뜻의 지역 사투리이다.

야유다. 그 소리에 동의하듯 〈MBC〉, 〈KBS〉 기자가 허탈한 미소를 짓는다. 계엄 당국의 검열 제도에 맹종하는 스스로에 대해서 자괴감을 느끼고 있다고나 할까. 요컨대 방송기자건 신문기자건 언론이 제구실할 수 없는 현실로부터 엄청난 스트레스를 받아 술에서 위안을 얻고 있었다.

14일 _ 가두로 나선 학생 시위

내 자취집은 노동청 앞 장동로터리 옆 골목 주택이었다. 점심을 먹고 출근하는 길에 보니 도청 앞에 도열한 전경 부대가 질서정연한 대오를 갖추고 있고, 분수대 주변에는 학생들이 모여 구호를 외치고 있었다.

"비상계엄 해제하라!"

"정치 일정 단축하라!"

"노동3권 보장하라!"

주변에 시민들이 모여들어 구경하고 있었다. 불어나는 인파 속에서 여학생들도 눈에 띄었다. 오늘 호텔 영업은 한산하겠다는 생각이 들었다.

15일 _ 분수대에 모인 학생 대표와 교수들

오후부터 도청 앞 광장은 대학생들로 가득찼다. 전남대 교수들도 집회에 참여했다는 말이 들렸다.

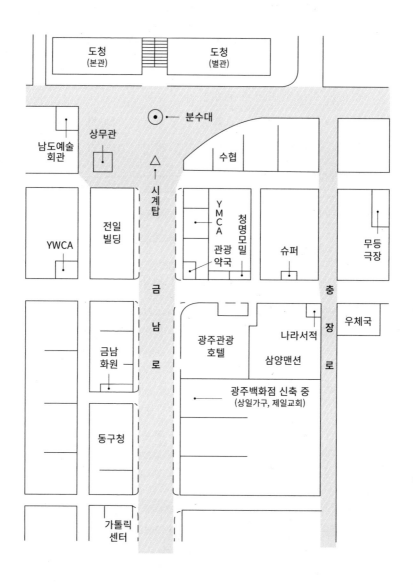

금남로 주변 건물 배치도.

옥상에 올라가서 바라보니, 도청 정문 앞은 어제처럼 전투경찰들이 방패를 앞세우고 담을 치듯 도열해 있고 분수대 위에 오른 학생 대표들과 교수들이 연설하고 있었다. 〈아리랑〉과 〈선구자〉가 들렸다. 집회로 도청 광장이 막히자 금남로에 들어온 차들은 호텔 앞에서 유턴을 하거나 전일빌딩 샛길로 빠져나갔다.

16일_횃불 시위

호텔 2층 구내식당에서 저녁을 먹고 옥상으로 올라갔다. 주방장(정길수)과 레스토랑 담당 직원도 올라와 있었다. 도청 앞 분수대 위에서 전남대 학생회장 박관현*이라고 자신을 소개한 학생이 연설했다. 경찰들은 전날처럼 도청 앞에 도열해 지켜보고 있고, 광장 주변은 구경하는 시민들로 가득했다.

광장에 서 있는 두 개의 허수아비가 불탔다. 다른 학생 대표가 유신 독재와 5·16 쿠데타 화형식을 거행한다고 외쳤다. 우

---

* 1980년 학도호국단이 해체되고 총학생회가 부활하면서 전교생의 압도적인 지지를 받아 전남대 총학생회장에 당선, 도청 앞 광장에서 개최된 민족민주화 대성회를 주도했다. 5월 17일 밤 계엄이 확대되기 직전 수배령이 내렸다는 소식을 듣고 긴급히 피신, 2년가량 도피생활을 하다 내란주요임무종사자로 체포되어 5년형을 선고받고 광주교도소에 수감되었다. 옥중 단식 40여 일 만인 1982년 10월 12일 영면했다. 그의 죽음은 전두환 퇴진을 요구하는 운동의 도화선이 되었다.

레와 같은 함성과 박수소리가 광장을 뒤덮고 학생 대표가 큰 소리로 행사의 취지를 알렸다. 석유를 뿌린 듯 허수아비를 태우는 불길이 광장을 환하게 밝혔다. 불길이 사그라들면서 학생들의 대오가 드러났다. 인솔자가 지시하는 소리도 또렷하게 들렸다.

"횃불을 든 주자는 가운데 서고, 양옆에 두 명이 섰다가 횃불 든 주자와 교대하라. 전대(전남대)와 조대(조선대) 체육과 학생들은 횃불 한 조에 두 명씩 조를 이루어 횃불을 보호하고, 불순분자가 방화하려는 불상사에 대비하라. 횃불 한 개당 5명을 한 조로 편성하고, 제1조는 동명동 - 산수오거리 - 남광주사거리 - 도청으로 돌아오고 제2조는 계림동오거리 - 신역 - 금남로를 거쳐 도청으로 돌아온다. 행진 시작!"

횃불 대열이 도청 앞을 출발했다. 횃불 행진 대오의 정연함과 엄정한 기강에 구경하던 시민들의 박수가 터졌다. 우리들도 주도면밀한 계획에 든든함을 느끼며 옥상을 내려왔다.

커피숍과 칵테일 라운지에는 손님들이 의외로 북적였고 모두들 횃불 시위를 보고 온 듯 화제로 올렸다. 모두 데모가 커지고 있는 불안정한 시국을 우려하는 내용이었다. 그 사이로 경기 침체와 불황을 푸념하는 소리도 섞였다.

17일__호텔 주변
금남로의 플라타너스 잎이 연녹색에서 녹색으로 짙어갔다.

라디오에서는 중동 순방 중인 최규하 대통령이 급거 귀국한
다는 보도가 흘러나왔다. 호텔 영업장은 한산하고 커피숍엔
차를 마시는 고객이 드문드문 보였다. 시위가 없는 금남로에
버스가 달리고 있었다.

호텔 후문을 나서 청명모밀을 바라보니 가게 안이 손님들
로 붐볐다. 값이 싸고 별미라서 그렇다. 그 옆 3층짜리 건물은
상아탑이라는 비어홀인데, 생음악 밴드가 나오는 낭만 술집
이다. 나라서적을 지나면 약속을 기다리는 사람들이 정문 앞
에 빼곡한 '우다방'(우체국)이 있고, 근방에는 디제이를 두고
팝송을 틀어주는 음악 감상실, 다방, 제과점이 곳곳에 흩어져
있다.

여기서 북쪽으로 방향을 꺾으면 충장파출소가 나온다. 이
제는 한풀 꺾였지만 박정희 대통령이 살아 있을 때는 이곳에
서 가위와 줄자를 든 경찰이 기다리고 있다가 미니스커트와
장발을 단속했다. 가위로 긴 머리를 자르고 줄자로 미니스커
트의 길이를 쟀다. 장발남들이나 미니스커트 여성들은 이곳
을 피해 다른 골목으로 우회하곤 했다.

호텔 나이트클럽에서는 밴드 음악이 흘러나왔다. 칵테일
라운지에 〈경향신문〉 이일홍 기자, 〈조선일보〉 조일흠 기자
등이 대화를 나누고 있었다. 김포공항으로 귀국하는 최규하
대통령을 전두환이 전투복에 권총을 차고 마중했다는 소식이
었다.

4

처절한 금남로

5월 18일~20일

18일 _ 계엄이 확대되다

아침 일찍 라디오에서 비상계엄 확대 소식이 발표되었다. 김대중과 고은이 내란음모로 체포되었고, 김종필이 부정축재자로 연행되었다. 통행금지 시간도 밤 9시로 당겨졌다. 연중무휴인 호텔로서는 자정 통금도 영업의 제약인데, 9시 통금은 개점휴업하라는 말이었다.

오전 10시쯤에 송주형 사장 주재로 사장실에서 간부회의가 열렸다. 회의에는 총지배인 이봉범, 영업이사 한동수, 주방장 정길수, 서무과장 박일주, 프런트과장 장일국, 경리부장 이을규, 영업과장 홍성표, 하우스키퍼 김용호, 시설부장 손정섭 등이 참석했다. 안건은 통금 연장에 즈음한 대비책이었다.

- 커피숍, 레스토랑, 객실을 제외한 영업장은 통금 시간 전에 영업을 마감한다. 해당 직원들은 집에 대기하고 비상연락망을 유지한다.
- 황금동 사원 숙소를 조정해 방을 확보한다. 객실 장기 체류객을 그리로 옮겨서 조리사를 배치하고 식사를 제공하며, 식자재 수급에 차질이 없도록 한다.
- 휴업 상태에 대비해 각 영업장 물품 보관에 유의하고 전기가 가동되도록 조치한다.
- 호텔 정문과 나이트클럽 정문은 문을 잠가 마감하고, 커피숍과 레스토랑 마감은 8시로, 객실 마감은 9시로 한다.
- 개관 후 사용하지 않은 정문 셔터를 점검해 이상 없이 가동한다.

위 결정에 따라 각 책임자들은 부서로 돌아가 간부회의 내용을 전달하고 비상태세에 들어갔다.

회의 뒤 오전 10시 40분쯤 호텔 바깥으로 나가보니, 가톨릭센터 앞에 사람들이 웅성웅성 모여 있었다. 이 골목 저 골목에서 사람들이 모여들고 있었다. 심상찮은 기운이 감돌았다. 도청 앞에는 전투경찰이 무리지어 있고, 군인들도 보였다.[*] 전투경찰이 〈전남일보〉 앞까지 구령에 맞추어 전진하면서 "좌

---

[*] 1980년 5월 17일 자정, 비상계엄이 전국 계엄으로 확대되기 직전에 계엄군으로 7공수여단 33·35대대 688명이 전남대, 조선대, 광주교대에 배치되었다. 그리고 31사단 96연대 1,146명이 그 밖의 전라남

좍좍" 군홧발 소리를 냈다. 철망이 달린 검은 투구가 햇빛에 번쩍였다. 치켜세운 방패는 움직이는 차단막이 되었다.

가톨릭센터 앞 도로를 가득 메운 학생들과 시민들이 구호를 외치기 시작했다.

"계엄 해제! 계엄 해제!"

"전두환이 물러가라! 김대중을 석방하라!"

얼룩무늬 군복을 입은 공수부대 70~80명 정도가 전일빌딩 앞에서 경찰 대열 앞으로 전진 배치되었다. 공수대원들은 철망이 달린 철모를 쓰고, 어깨에는 총을 메고, 손에는 기다란 진압봉을 들었다. 시위대는 돌멩이를 들었고, 몇몇은 화염병을 들었다. 공수부대는 우리 호텔 앞까지 전진해 시위대를 압박했다. 인도에서 구경하는 인파가 점점 불어나고 있었다.

전일빌딩 옆 골목에서 한 무리의 병력이 나타나 호텔 건너편 인도와 도로 갓길로 접근했다. 인도의 시민들이 비켜서며 구경하는 사이, 푸른 재킷에 청바지를 입고 몽둥이를 든 경찰 특공대가 학생 시위대를 향해 뛰어들었다. 학생들이 던진 화염병이 공수부대 쪽으로 떨어져 도로 바닥에 불이 번졌다. 앞줄에 선 공수부대의 바지에도 불이 붙었다. 옆에 선 부대원이 다급하게 불을 끄는 사이 경찰특공대가 어깨끈에 차고 있던 가방에서 최루탄을 꺼내 시위대 쪽으로 던졌다.

"펑! 펑!"

도 내 주요 대학과 방송국 등에 진주했다. 도청 앞 금남로에 투입된 부대는 7공수여단 병력이었다.

자욱한 연기가 번지면서 매캐한 가스가 코를 찔렀다. 가톨릭센터 앞 금남로 일대는 삽시간에 아수라장으로 변했다. 인도에 있던 시민들이 골목으로 쫓겨 들어가고, 공수부대가 따라가면서 난투극이 벌어졌다. 최루탄 연기와 돌멩이 조각, 버려진 각목으로 도로는 쓰레기장이 되었다.

군중들이 호텔로 피신해 들어왔다. 더 이상 열어둘 수가 없어 유리로 된 호텔 정문을 닫았다. 나이트클럽 입구는 금남로와 붙어 있어 셔터를 내린 상태였다. 로비와 커피숍에 있던 손님들은 밖으로 나가지 못하고 안절부절하다가 후문으로 하나둘씩 빠져나갔다.

이 격전으로 그동안 유지되던 평화가 깨졌다. 학생들이 화염병으로 무장하고 맞섰으나, 공수부대의 공격은 강하고 저돌적이었다. 공수부대는 몽둥이(물푸레나무를 깎아 만든 길이 50센티미터 안팎의 진압봉)로 학생들을 마구 때렸다.

"돌격! 다 찌기불자."

경상도 사투리였다. 독기가 잔뜩 오른 목소리였다.

이날 객실에는 장기 체류객(엔지니어)만 6~7개실에 투숙해 있었고, 일반 고객은 한 명도 받지 못해 없었다.

19일 _ 호텔 폐쇄와 일본인 기자

지난 밤 공수부대와 시민 시위대가 벌인 격전 소식이 삽시간에 시중에 퍼졌다. 호텔에도 어젯밤 근무한 직원을 찾는 전화가 쇄도했다. 출근한 간부들은 호텔 내부를 돌며 상황을 점검했다. 커피숍은 문을 열었지만, 레스토랑은 오전만 영업하고 문을 닫았다. 나머지 영업장은 어젯밤부터 모두 폐쇄했다.

객실 영업도 폐쇄를 준비했다. 장기 투숙 중인 일본과 이탈리아 엔지니어들을 황금동 직원 숙소로 옮겨 방을 배정했다. 일본인은 화천기공사*, 금호타이어, 기아자동차, 연초제조창에서 일하는 기술자들이었고, 이탈리아인은 피아트(Fiat) 소속으로 아세아자동차에서 군납 차량을 검수하는 일을 했다. 또 2개의 일반 객실 투숙객에게는 식사를 제공할 수 없고 신변을 보장할 수 없으니 부득이 방을 비워달라고 통보했다.

객실 영업을 하지 않으니 굳이 많은 직원이 호텔에 남아 있을 필요가 없었다. 간부 몇 명과 후문지기 경비원(50대 초반의 장애인 최 씨)을 제외하고 일반 직원은 모두 귀가토록 했다. 호텔 내부는 최루가스가 빠져나가지 않아 매캐했다. 로비와 커피숍에만 드문드문 고객이 있어서 공용 부분의 등을 끄고 정문을 잠그지 않고 닫아두었다.

전일빌딩 앞 금남로는 계엄군이 꽉 메우고 있었다. 그 뒤로 도청 광장까지 시위대가 통행하지 못하도록 군과 경찰 병력이 광장과 대로를 차단했다. 가톨릭센터와 광주은행 본점에

* 철공소 기능공으로 자수성가한 권승관 대표가 설립한 공작 기계 제조 회사. 권 대표의 동명동 자택은 유신 체제에서 호화 주택으로 지목되었다가 금호재단으로 넘어가 전시관 및 공익 시설로 일반에 공개되었다.

이르는 대로를 가득 메운 사람들이 함성을 지르며 구호를 외쳤다. 노래도 불렀다. 〈우리의 소원은 통일〉에 이어 〈정의가(홀라송)〉가 들렸다.

우리들은 정의파다 홀라홀라
계엄군은 물러가라 홀라홀라
전두환이 물러나라 좋다좋다

가사가 구호를 닮았고 선율이 단조로워서 누구나 따라 부르기 쉬웠다.

헬기가 금남로 상공을 날며 경고 방송을 했다. 시민들의 자제와 시위 해산을 종용하는 내용이었다.

시시각각 인파가 불어나면서 호텔 로비와 1층 커피숍도 덩달아 북적거렸다. 장교복을 입은 중령이 프런트에 와서 화장실 위치를 물었다. 후문 방향 공용 화장실을 알려주고 뒤따라가 소변을 함께 보았다. 이때 한동수 이사가 따라왔다. 세면대에서 손을 씻는 장교에게 물었다.

"발포 명령이 내렸습니까?"

중령은 화장지로 손을 닦으며 말했다.

"네, 발포 명령은 이미 내려져 있습니다."

장교는 멍한 표정을 짓고 있는 우리를 남겨두고 금남로로 사라졌다.

로비로 돌아오니 몇몇 기자들이 칵테일 라운지로 들어갈

수 있게 해달라고 부탁했다. "형님, 아우" 하는 각별한 지인들이라 이일홍·조일흠 기자를 금남로가 잘 보이는 자리로 안내했다. 뒤따라 몇 명이 더 들어왔다. 〈전남매일〉 사회부장 김일욱, 사진부장 아무개, 기타 2명이 창가에 붙어 셔터를 눌러댔다. 실내로 들어온 매운 최루가스 때문에 기자들이 내게 물수건을 부탁했다. 기자들은 시위대와 공수부대의 충돌 장면을 서로 자리를 바꾸어가며 찍느라 여념이 없었다.

금남로는 최루탄이 터지고 화염병이 날아가면서 집단 난투장으로 변했다. 기세등등하던 공수부대 진영은 점차 불어나는 시위대에 밀려 가톨릭센터 쪽에서 호텔 앞까지 후퇴했다. 가톨릭센터 고층에 있는 〈CBS〉 창문에서 서류 뭉치가 쏟아져 도로 쪽으로 흩날리더니, 경계병으로 보이는 일반 군복 몇 명이 끌려 내려왔다.

그 군인들은 시위대에 포위되었다. 사람들은 31사단 경계병으로 방송국을 경비하다 붙잡혀온 이들의 옷을 벗겨 팬티 차림으로 만들었다. 계엄군은 시위대를 붙잡으면 옷을 벗겨 트럭에 실었는데, 이것을 본 군중들이 보복으로 군인의 옷을 벗긴 것이다.

시위대 여러 명이 삼영토건이 시공하는 광주백화점 신축현장(호텔 옆)에 있던 휘발유 드럼통을 끌어와 쓰러뜨린 뒤 불을 붙였다. 드럼통이 "펑" 하고 화염에 휩싸이면서 굴러가 도로에 있던 차와 부딪혔다. 차에 불이 옮겨붙었다. 때마침 가톨릭센터 앞에서도 차 한 대가 불에 타고 있어 시커먼 연기가 하늘로 치솟았다.

"와아~."

함성이 일었다. 시위대는 사기가 올라 각목, 쇠파이프, 깬 보도블록을 손에 들고 공수부대의 돌격에 맞섰다.

일대 육박전이었다. 돌에 맞은 공수부대원이 동료의 부축을 받으며 뒤로 물러났다. 공수부대원의 몽둥이에 맞아 쓰러진 학생을 주위의 시위대가 부축해 도망쳤다. 진압봉을 놓친 공수부대원이 등에 멘 총을 풀어 손에 잡고 찔러총 자세로 싸우고 있었다.

그때 창가에서 셔터를 눌러대던 기자가 소리를 질렀다. 그 소리에 흠칫 놀라 밖을 보니, 공사 현장 인도와 도로 경계 지점에서 군인이 착검한 총부리로 시위대의 옆구리를 찔렀다가 뺐다.

"아니, 저럴 수가!"

기자가 탄식하자 옆에 있던 동료들도 흥분했다.

"야, 우리 모두 나가서 죽어불자. 저게 대한민국 국군이냐?"

1988년 국회청문회 때 군 당국은 대검 사용 사실을 극구 부인했다. 그러자 1980년 당시 공수부대원이 착검을 한 총을 들고 달아나는 시위대를 쫓는 사진이 공개되었다. 군 당국은 사진의 출처를 의심했으나, 곧 현장에 있던 사람들의 목격담이 나왔다.

기자들은 최루가스에 붉게 충혈된 눈으로 철수했다. 그 사이 로비와 커피숍에 있던 고객들도 후문을 통해 빠져나갔다.

나는 호텔 정문 셔터를 내렸다.

4층 객실과 남직원 숙소에 들렀다. 그리고 관리사무실에서 민방위용 방독면을 한 개 챙겼다. 독한 최루가스를 덜어보려는 목적이었다. 미제 방독면은 딱 맞는 게 없어 두어 개를 써본 뒤 하나를 골랐다. 그걸 착용하고 나니 숨쉬기가 한층 편했다. 어차피 집으로 갈 수 없었다. 엄두가 나지 않았다. 늦은 시간인 데다 계엄군이 깔린 도청 앞을 피해 골목으로 돌아가는 일이 아득했다. 그래서 호텔에 남기로 마음을 굳혔다.

옥상으로 가려고 계단을 오르다 7층 복도 로비에 잠시 멈춰섰다. 중앙 계단 객실 층계로 방독면을 쓰고 카메라를 든 사람이 올라오는 것이 보였다. 객실 고객은 이미 모두 퇴숙했는데 누굴까?

일본인 기자였다. 한국어를 유창하게 하던 기자. 오늘 밤에 방을 비운다고 했는데, 8시가 넘은 이 시각까지 객실에 있었단 말인가. 그 기자와 함께 옥상으로 올라가며 방독면을 벗었다. 옥상은 바람이 불고 건물 안처럼 최루가스가 고이지 않아 시원했다. 방독면까지 쓰고 취재하는 기자의 직업의식이 놀라웠다.

"가스 때문에 호텔 안에 있던 쥐나 바퀴벌레는 모두 죽었을 겁니다."

내 말에 기자가 너털웃음을 터뜨렸다.

옥상에서 바라본 도청 앞은 군인과 경찰, 군용차가 들고나

광주관광호텔 앞에서 버스에 탄 승객을 끌어내리며 구타하는 공수부대원들.

면서 부산했다. 가로등이 켜진 시가지 이곳저곳에서 최루탄 터지는 소리와 확성기 소리가 들렸다. 카메라 셔터를 누르던 기자가 물었다.

"호텔 국제전화를 쓸 수 있나요?"

나는 옥상을 내려와 2층 교환실로 기자를 안내했다. 교환대를 가동하고 적어준 전화번호로 연결했다. 기자는 통화를 끝내고 내게 악수를 청했다.

"아리가토 고자이마스. 제가 보낸 광주 소식이 특종이랍니다. 광주 상황을 독점으로 본사에 타전했어요."

기자의 얼굴에 희색이 만연했다. 나는 얼떨결에 그가 내민 통화료 3,600원을 봉투에 넣은 뒤 교환대 자판 밑에 두었다. 장기 투숙하려면 외국인이 피신해 있는 호텔로 안내하겠다고 하자, 기자는 다른 호텔을 잡아두었다며 후문을 통해 사라졌다.

5월 28인가 30일인가로 기억하는데, 그 기자가 김포공항을 통해 출국하려다가 보안검색대에서 소지품을 모두 압수당하고 추방되었다는 뉴스가 떴다. 그 무렵 신문은 검열 때문에 뭉텅뭉텅 기사가 잘린 채 발행되곤 했다.

호텔에 남아 있는 직원 5명과 로비에 모여 의논했다. 밤 9시가 다 되어 퇴근할 수는 없고 호텔에 있기도 불안하니 인근 한동수 이사 댁으로 가자고 결론 내렸다. 신혼살림을 하는 한 이사의 집은 호텔과 맞붙은 삼양맨션 605호였고, 호텔과 구내

전화로 연결되어 있었다. 상황을 이야기했다.

독기 오른 공수부대가 있는 정문을 통해 나가는 것은 위험 천만했다. 손정섭 시설부장의 안내로 1층 전기실 창문을 통해 삼양맨션 주차장으로 뛰어내려 안으로 들어갔다. 거기서 하룻밤을 보냈다.

20일 _ 금남로의 차량 시위

아침 7시쯤 한동수 이사 댁에서 일어났다. 차 한 잔을 마시고 동숙한 직원들과 헤어져 장동로터리 근처 집으로 향했다. 고교 2년생(운암동 금파고등학교)인 동생의 안부가 걱정이었다. 속옷도 갈아입어야 했다.

도청 앞을 지날 수가 없어 전일빌딩 옆 골목과 광주경찰서 뒷골목으로 걸었다. 집에 도착하니 동생은 아무 일 없이 공부 중이었다.

"별일 없냐?"

내 물음에 동생은 오히려 내가 집에 들어오지 않아 걱정했다고 대답했다. 동생을 안심시키고 옷을 갈아입었다. 절대로 밖에 나가지 말라고 당부하고 나오려는데 책상 위에 유인물 서너 장이 얼핏 보였다. 동생이 급히 유인물을 책가방에 쓸어 담았다. 나는 못 본 척 집을 나섰다. 노동청 앞 장동로터리에서 아까 왔던 골목길로 되돌아가려다가 그냥 도청 앞을 지나기로 했다.

오전에는 도청 근처에 시위가 없었다. 그러나 노동청과 남도예술회관, 상무관 앞에는 전투경찰이 있었다. 그들은 검은 양복에 넥타이를 맨 나를 무심히 쳐다볼 뿐 불러 세우지는 않았다.

호텔 후문 경비실은 경비가 지키고 있고 외부인의 출입도 없었다. 교환실에는 전북 출신의 웨이터가 전화를 하고 있었다. 호텔 안에서 숙소 생활을 하는 그는 고향의 부모님께 안부를 알리는 것 같았다. 외부에서 걸려오는 전화도 있었다. 내가 받았다. 〈전남일보〉 김종태 사장이었다. 호텔과 전일빌딩의 상황과 송주형 사장의 출근 여부를 물었다. 김 사장에게 "지금 어디에 계십니까?"라고 물으니 순천이라고 대답했다. 그러면서 나에게 조심하라고 당부했다.

도내 기관장들이나 유지들은 모두 광주를 떠났거나 집안에 은신하고 있는 듯했다. 그들은 도심 소식이 궁금했는지 호텔로 전화를 했다. 전화가 빗발쳤다. 우리는 교환대를 꺼버리고 나왔다. 호텔 문턱이 닳도록 출입하며 거들먹거리던 자들이 오직 자기네 안위만을 생각해 피신해버린 것이 얄미웠다. 그리고 그들에게 일일이 대꾸하는 것이 귀찮았다.

도심에서 공수부대와 시위대 간 접전이 치열해지면서부터 호텔을 출입하던 유지들이나 사업가들, 그 밖의 힘 있는 사람들은 일거에 사라졌다. 정보에 빠른 그들은 위험한 도심을 빠져나간 듯 보이지 않았다.

시내는 공수부대와 시민·학생의 격전지가 되었다. 학생들보다 더 많은 시민들이 나타나 손에 각목이나 쇠파이프를 들고 공수부대와 싸우는 모습을 금남로와 골목에서 볼 수 있었다. 호텔 후문에서 마주치는 사람 누구나 공수부대 이야기를 하면서 상황을 전했다. 공수부대원이 눈에 띄면 시민들은 건물 안이나 가게로 들어가 숨었다. 공수부대원은 도망가는 시민을 붙잡기 위해 문짝을 발로 차서 열고 머리채와 뒷덜미를 잡아 끌어냈다.

금남로와 건너편 골목은 아수라장이었으나, 호텔 뒤쪽은 건물로 막혀 있어서 난장판을 면했다. 후문을 지키는 경비 아저씨가 빗자루와 쓰레받기를 들고 후문 입구를 쓸고 있었다. 문을 굳게 닫고 경비실 안에 들어가 절대 밖으로 나가지 말라고 당부했다.

후문 경비실은 안쪽에 겨우 의자 한두 개를 놓을 수 있을 크기였으며, 구내전화가 비치되어 있었다. 위치는 호텔로 올라가는 비상계단과 삼양맨션 비상계단 입구 틈새에 있었다. 경비원은 1층 보일러실 옆에 마련한 간이침대에서 자고 호텔에서 식사를 해결했다. 집이 어딘지 알 수 없었지만, 성실한 분이었다.

공수부대는 어제보다 훨씬 독이 올라 있었다. 시위대를 잡으면 옷을 벗기고 몽둥이로 마구 두들겨 팼다. 그들에게 잡힌 시위대가 팬티만 입은 채 꿇어앉아 기합을 받고 트럭에 실려가는 모습이 보였다. 공수부대는 살기등등했다.

땅거미가 지기 시작할 무렵이었다. 금남로 북쪽 끝 유동로 터리에서 대형 트럭과 버스 들이 전조등을 켜고 경적을 울리며 다가왔다. 그 뒤로 택시 수십 대가 대오를 갖추고 도청으로 향했다. 많은 사람들이 뒤따르며 도로에서 함성을 질렀다. 화물을 가득 실은 대한통운 대형 트럭이 앞장서 오다가 금남로 5가 근처에 이르러 멈췄다. 호텔 앞 도로에 있던 공수부대도 전열을 정비하고 진군해 오는 시위대를 주시했다.

거대한 차량 시위대였다!

금남로를 가득 메운 택시들이 공수부대 쪽을 향해 차츰차츰 전진하는 모습이 장관이었다. 차량 주위의 군중들이 각목을 들고 차량을 호위하듯 걸었다. 이제 본격적인 전투가 시작될 참이었다. 긴장감으로 가슴이 떨렸다.

전일빌딩 앞 도로에는 장갑차와 지휘자가 탄 군용 지프가 서 있었다. 공수부대 돌격대가 우리 호텔 쪽으로 서서히 전진하더니 곧 가톨릭센터와 광주은행 본점 앞까지 진출했다.

다시 도로 전투가 격렬해졌다. 택시들이 중앙로 옆으로 빠지며 비명이 터졌다.

상황은 악화일로였다. 공수부대의 잔혹한 구타, 학생을 주축으로 한 시민들의 대담함, 분노에 찬 시민들의 가세. 이날 밤 공수부대와 시위대 간의 충돌은 최고조로 치달았다.

호텔 앞 도로는 시위대의 차량을 저지하려는 듯 길가에 비치된 화분대가 흐트러져 있었다. 공수부대의 최루탄과 시위대의 돌멩이가 날고 화염병이 터졌다. 시위대와 공수부대의 일진일퇴가 계속되었다. 공수부대가 돌격하면 시위대는 흩어져 골목으로 달아났다. 도망가던 시위대가 골목에서 무리를 지어 쏟아지면 공수부대가 후퇴했다가 최루탄의 맹렬한 기세 속에서 대오를 정비했다.

공수부대 일부는 검은 마스크를 쓰고 있었다. 지휘자가 "돌격 앞으로"를 외치면, 오른손은 곤봉을 쳐들고 왼손은 방어자세로 취하고 오른발을 구부리듯 바닥을 긁으며 전진했다. 그들은 "다 찌기불자, 다 찌기불자, 와아" 하면서 돌진했다. 시위대는 이날 공수부대의 이 같은 경상도 사투리를 똑똑하게 들었다. 그래서 이 소문이 삽시간에 퍼졌다.

'경상도 군인들이 투입되었다. 독종 경상도 출신을 뽑아
광주에 보냈다.'
'적지에 투입해 후방을 교란하는 부대라서 이렇게 잔인
했다.'
'밥을 굶기고 술을 먹여서 공수의 복수심을 충동질했다.'

이른바 유비통신이었다. 그러나 이런 소문이 사실무근만은 아니었다. 금남로에 출동한 군인들이 밥을 굶은 것은 사실이었다. 시위대 인파 때문에 식사 운반 군용 차량이 통행할 수 없었던 것이다.

어쨌든 공수부대는 대낮에 학생 시위대를 개 패 듯했을 뿐 아니라, 구경하는 시민들까지 구타하고 연행했다. 이런 장면

이 한편으로 두려움을 주었지만, 동시에 밑바닥에 있는 정의 감을 자극했다. 공수부대에 대한 반감은 눈덩이처럼 커졌다. 무자비한 구타 장면을 본 시민들이 시위에 합류했고, 기세가 수그러들 줄 몰랐다.

건물 안에 고인 최루가스를 피해 옥상으로 올라갔다. 금남 로 호텔 앞은 무수한 잔해를 남긴 채 조용했다. 이곳만이 아니 고 도심 곳곳이 격전지로 변한 것 같았다. 궁동 쪽 하늘이 환 해지고 있었다. 〈MBC〉 쪽이었다. 검은 연기가 하늘로 치솟고 건물 창밖으로 불길이 번졌다.

그때 총소리가 밤하늘에 울렸다. 공포탄을 쏘는지 중앙로 김계윤외과 앞쪽에서 시민관 쪽으로 예광탄이 탄도를 그으며 날아갔다.* 도청 앞은 전투경찰과 장갑차가 정문을 지키고 있 었다. 시내 도처의 큰 거리마다 시위대와 공수부대가 맞붙는 지 함성이 들렸다. 〈MBC〉의 불길은 더욱 거세게 타올랐다.

구경하는 것도 지쳐 그만 자고 싶었다. 객실 층으로 내려가

---

* 예광탄은 야간 사격 때 탄착점을 쉽게 구별하기 위해 실탄 사이에 일정한 간격으로 섞어 넣은 탄환이다. 목격자의 증언은 광주역에 서만이 아니고 중앙로 김계윤외과(현대예식장 부근) 일대에서도 20일 밤에 사격이 이루어진 사실을 말한다는 점에서 주목된다. 이 시각에 계엄군의 과잉 진압에 분개한 시위대가 공설운동장에서 차 량 시위 대열을 조직해 한 갈래는 광주역 쪽으로, 다른 한 갈래는 유 동을 거쳐 금남로 쪽으로 진격을 시작했으며, 계엄군이 이를 저지하 기 위해 광주역과 중앙로의 결절점에서 사격을 한 것으로 판단된다.

4층 312호 침대에 누웠다. 불안과 긴장 탓인지 잠이 오지 않아 호텔 내부를 둘러보았다. 정문은 셔터가 내려져 있고, 후문 경비실도 굳게 잠겨 있었다. 간이침대에 누운 경비 아저씨가 나를 보고 일어났다가 다시 누웠다. 4층에서 자겠다고 이르고 객실로 향했다.

2층을 지나다가 밖이 궁금해 칵테일 라운지 빈 공간 옆 창문으로 금남로를 내다봤다. 1개 분대 정도의 병력이 호텔 앞 도로에 흩어져 있었다. 부서진 공중전화 박스에서 흘러나온 동전을 주으려 공수대원들이 허리를 굽히고 있었다. 큭큭 웃음이 나왔다.

침대에 눕자 기절하듯 잠이 쏟아졌다.

5

도청 앞 집단 발포

5월 21일~26일

21일 _ 호텔 앞 대치선

일어나 세수하고 호텔 안팎을 돌아보았다. 후문 경비 아저씨가 한쪽 다리를 절면서 후문 근처를 청소하고 있었다. 빗자루가 지날 때마다 작은 꽁초 따위가 쓸려갔다. 나를 보더니 비질을 멈추고 인사했다.

승강기를 타고 옥상으로 올라갔다. 도청 앞을 보니, 군인들이 도열해 있다. 도청 직원들이 정문으로 짐을 들고 나오는 게 눈에 들어왔다. 무언가를 담은 상자를 광장 상무관 쪽으로 옮기고 있었다. 경비 아저씨 말이, 어젯밤에 〈MBC〉가 불타고 세무서도 탔단다. 〈MBC〉 건물은 검게 불탄 자국이 선명했다. 가느다란 연기도 보였다. 어제 시위가 새벽까지 격렬하게 이어졌으니 오늘은 소강상태가 되리라고 예측했다. 그러나 2층으로 내려가 금남로를 본 순간 예측이 빗나갔음을 깨달았다.

호텔 2층에서는 금남로에 있는 사람들이 손에 잡힐 듯 선명하게 보였다. 원래 호텔 칵테일 라운지 옆 공간은 룸살롱이었다. 그러나 매출이 후불(외상 거래)이라 시위가 격렬해지면서 문을 닫았다. 70평가량의 룸살롱은 금남로 쪽 창이 통유리라서 전일빌딩과 도청 광장까지 한눈에 들어왔다.

태극기에 덮인 시신 2구를 실은 리어카가 금남로를 따라 동구청 앞으로 다가오는 게 보였다. 그 시신들은 지난 밤 광주역에서 군인들의 발포로 사망한 희생자들이었다. 시신을 에워싼 시위대는 어느 때보다 분기탱천했다. 계엄군은 전일빌딩 앞에서 저지선을 구축하고 있었다.

가톨릭센터로 모여든 시위대가 점차 불어나 한국은행 사거리까지 가득찼다. 불어난 인파가 호텔 앞 도로에 멈추더니 진을 치기 시작했다. 건장한 시민들이 앞에 섰다. 골목골목에서 나오는 시민들이 도로를 채우고 인도를 메웠다. 남녀노소 구분이 없었다.

전일빌딩 앞에서 전투경찰들이 대오를 갖춰 지휘자의 구령에 따라 전진했다.

"5보 전진."

"5보 전진."

연이어 군홧발 소리가 "좍좍좍" 들렸다.

계엄군의 장갑차(M113 APC)가 관광약국 앞에 멈추어 섰다. 장갑차 상단에는 해치(지휘석 뚜껑)를 열고 캘리버50 기관총을 잡은 사수가, 그 오른쪽 아래 해치(조종석)에는 철모를 쓰고 상 반신만 내놓은 군인이 타고 있었다.

전투경찰 앞에는 공수부대 병력이 도열했다. 이들은 30미 터쯤 거리를 두고 시위대와 대치했다. 시위대는 구호를 외치 며 모여들고, 공수부대는 시위대 쪽을 주시했다. 2층 창가라 서 그런지 그들의 표정까지 선명하게 보였다.

솜뭉치 마개를 씌운 화염병 상자를 맞든 학생들이 시위대 중간 중간에 보였다. 선두에 선 학생들은 더 이상 전진하지 않 았다. 공수부대도 반듯이 서 있다. 시위대는 각목과 쇠파이프 를 손에 들었다. 공수부대는 총을 들고 철모를 썼다. 방석망이 위로 젖혀져 있었다. 지휘관이 집총한 공수부대 대열 속을 이 동하며 뭔가 지시하는 게 보였다. 전일빌딩 옆 골목은 사복 경 찰들과 전경들로 북적였다. 전일빌딩 앞에는 군용 지프가 세 워져 있고, 지프 옆에 사복을 입은 사람들이 서 있었다.

한국은행 쪽 도로에는 작은 피켓과 현수막을 든 아주머니 들이 있었다. 아주머니들은 머리에 고무 함지박을 이고 손에 양동이를 들고 호텔 앞까지 와서 시위대에게 먹을거리를 그 릇째 건네주었다. 주먹밥, 빵, 음료수, 담배 등이었다. 피켓과 작은 현수막에는 주월동부녀회, 양동상인회 등이 큰 글씨로 씌어 있었다. 가슴이 뭉클했다. 시장 아주머니들이나 머리에 수건을 쓴 아주머니들이 시위대를 위해 위험을 무릅쓰고 먹 을거리를 챙겨 오다니! 시내 전역에서 벌어진 공수부대의 만

계엄군 장갑차 M113의 사수와 운전수의 탑승 위치.

시위대의 장갑차. 아세아자동차 공장에서 생산한 이탈리아 피아트사의 모델 CM6614. 계엄군 장갑차와 달리 바퀴 부분이 무한궤도가 아니라 고무바퀴 이다.

행으로 참혹하게 두들겨 맞는 학생과 시민을 본 사람들이 응원의 뜻으로 보내온 것이었다.

빵, 음료, 주먹밥은 시위대에게 배분되었다. 음식을 보자 식욕이 일었다. 시위대 앞에 있던 학생이 양동이를 들고 줄지어 선 공수부대 앞으로 걸어가 빵과 담배를 나누어주었다. 공수부대가 아무 말 없이 굳은 듯 서 있자 강권하는 말이 따랐다.

"어여 받아. 니들도 배고플 텐데 먹어야제."

군인들이 한 손에 빵과 담배를 받아 든 채 그대로 서 있었다. 받은 담배를 떨어뜨린 군인은 허리를 구부려 호주머니에 담았다. 손에 빵을 든 군인이 차마 입으로 가져가지 못하는 까닭은 그들 뒤에 서슬 퍼런 상관들이 도끼눈을 번뜩이고 있었기 때문이다.

점점 불어나는 시위 군중 위로 헬기가 방송을 하며 날아갔다. 하지만 무슨 소린지 또렷이 들리지 않았다. 프로펠러 소리에 묻힌 방송 목소리의 주인은 도지사 같았다. 그때 상무관 앞 도청 광장에서 헬기가 짐을 싣고 이륙했고, 얼마 뒤 다른 헬기가 와서 짐을 싣고 떠났다.

한국은행 쪽 인파의 가운데가 열렸다. 좌우로 길이 터지자 고무바퀴 장갑차 2대(아세아자동차 군납품인 CM6614 모델)가 들어섰다. 장갑차에 탄 붉은 티셔츠의 젊은이가 태극기를 흔들었다. 장갑차는 "와와" 소리치는 시위대 앞에 멈추었다. 장갑차를 선두에 세운 시위대는 구호를 외치고 노래를 불렀다. 시위대의 사기가 하늘을 찔렀다. 애국가를 합창할 때는 가슴속에 전율이 일었다.

관광약국 앞의 군용 장갑차는 후퇴할 기미가 없었다. 캘리버50 기관총을 잡은 사수는 긴장한 듯 보였다. 장갑차 주위로 공수부대가 도열했다.

시위대의 구호와 함성이 터질 때면 양편을 주시하는 내 가슴도 쿵쿵 방망이질쳤다. 일촉즉발의 긴장감이 느껴졌다. 군중 사이에서 화염병 상자를 든 이들이 눈에 띄었다. 고등학생 또래였다.

그런데 조금 이상한 사람들이 보였다. 시위대 앞줄에 학생들보다 나이가 많아 보이는 세 사람이었다. 모두 베이지색 점퍼를 입었는데 30대 중반은 넘어 보였다. 시위대 쪽 학생과 청년들은 장발인데, 이 세 사람은 머리가 짧고 덩치가 컸다. 대학생 같아 보이지는 않았다. 보안대원이 아닐까? 그들은 시위대열에 섞여 있다가 선두로 나왔다.

집단 발포

정오가 지나면서 시위대의 분위기가 달아올랐다. 인파는 도청 광장에 진을 친 공수부대를 완전히 포위할 수 있을 정도로 불어났다. 장갑차 위에 올라선 청년이 휘두르는 태극기를 따라서 구호와 함성이 터졌다.

"밀어붙여! 밀어붙여!"

군중들의 함성이 일어나며 시위대와 공수부대 사이의 대치 공간이 점차 좁혀졌다. 충돌은 아직 없었으나, 시위대가 전진하면서 공수부대는 물러서야 할 형편이었다. 시위대는 관광호텔 앞을 확보하고 계엄군은 관광약국 앞을 확보한 가운데 약 5~6미터의 공백을 두고 서로 대치했다. 선두의 시위대가 불어난 인파에 밀려 전진하면서 계엄군과 대치 간격이 더욱 좁아졌다.

아세아자동차에서 가지고 나온 피아트 장갑차가 선두에 서고, 도로를 꽉 메운 인파가 뒤따르며 함성을 지르기 시작했다.

"밀어붙여! 밀어붙여!"

공수부대의 선두 대열은 거대한 인파가 함성을 지르자 당황한 기색이 역력했다. 그러나 지휘관이 퇴각을 저지하는 고함을 지르자 군인들은 굳은 듯이 제자리를 지켰다.

이제 양측의 대치 간격은 약 5~6미터 정도로 좁혀졌다. 이때 시위대 선두 대열에 있던 베이지색 점퍼를 입은 남자가 화염병에 불을 붙이더니 계엄군 장갑차 쪽으로 던졌다. 장갑차의 오른쪽 조종수에게로 향했다.

"퍽!"

병이 깨지면서 장갑차에 불길이 확 일었다.

동시에 "와아" 함성이 터지면서, 시위대 선두의 가운데에 있던 피아트 장갑차가 계엄군의 우측 선두 대열 쪽으로 전진했다. 그 순간 계엄군의 장갑차가 YMCA 앞으로 황급히 후진했다. 그와 함께 대열 선두의 공수부대도 재빨리 흩어져 후퇴했다. 그 뒤에 있던 전경들도 전일빌딩 옆 상무관 방향으로 화

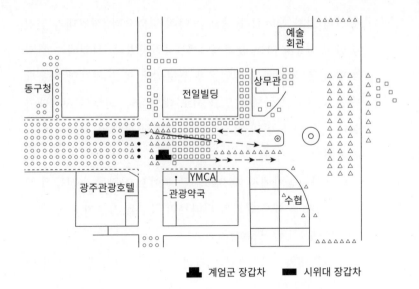

| ■ 계엄군 장갑차 | ■ 시위대 장갑차 |

5월 21일 금남로에서 시위대와 계엄군의 대치 상황.

- 계엄군의 장갑차는 관광약국 앞 3차로에 정차하고, 시위대의 장갑차 2대는 반대편 2차로쯤에 정차.
- 대치선이 좁혀지며 시위대의 함성이 커지고, 선두 대열 속에 베이지색 점 퍼를 입은 3명 가운데 한 명이 공수부대 장갑차에 화염병을 투척. 장갑차 는 후진하고 공수부대는 재빨리 퇴각. 전투경찰들도 황급히 전일빌딩 옆 골목과 상무관 방향으로 후퇴.
- 시위대 장갑차 돌진. 시위대 뒤를 따르던 군중들은 계엄군의 집중 사격과 동시에 뒤돌아 뛰며 해산. 시위대 장갑차 위에서 태극기를 흔들던 붉은 티 셔츠를 입은 젊은이가 시계탑을 돌아 나오는 장갑차에 상체를 걸친 채 돌 아옴. 죽은 듯 보였음.
- 대치선 바로 위(호텔 2층 창가)에서 내려다보는 내 시야엔 사람들의 표정 까지 손에 잡힐 듯 보였음.
- 집중 사격 직전 금남로와 호텔 주변은 시위 군중이 꽉 차 있었고, 전일빌딩 과 광주경찰서 주변과 상무관은 전경이, 도청 앞과 주변은 공수부대·계엄 군·경찰이 차지했음.

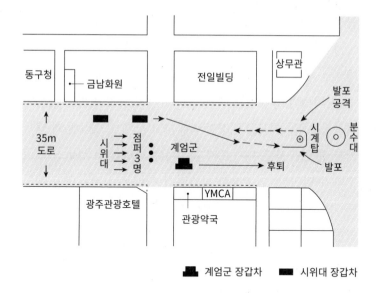

5월 21일 13시 직전 상황과 계엄군의 집단 발포.

- 금남화원 앞 약 30미터 쯤 시위대와 11공수여단 61·62대대의 대치.
- 시위대가 전진하고 전일빌딩 앞까지 계엄군 압박.
- 점퍼 3명이 시위대 선두에 있다가 화염병 투척. 약국 앞 계엄군의 M113 장갑차 조종석 옆에 명중. 화염 솟구침.
- 시위대의 피아트 장갑차가 군 쪽으로 돌진. M113 장갑차가 분수대 쪽으로 후진(계엄군 1명 후진하는 군 장갑차에 깔려 사망).
- 계엄군(11여단) 발포. 피아트 장갑차에 타고 있던 청년 고꾸라짐. 이어서 대규모 집단 발포. 시위대 흩어짐.

급히 후퇴했다.

시위대의 고무바퀴 장갑차가 전진하자 계엄군은 분수대 양옆으로 후퇴해 전열을 정비했다. 동시에 총성이 연달아 터졌다. 시위대의 장갑차는 더 이상 나아가지 못하고 방향을 꺾어 시계탑을 돌아 나왔다. 장갑차에 타고 상체를 드러낸 채 태극기를 흔들던 붉은 티셔츠의 젊은이는 절명한 듯 상반신이 고꾸라져 있었다. 고무바퀴 장갑차를 뒤따르던 시위대도 계엄군 쪽에서 일제 사격이 시작되자 혼비백산해 뒤돌아 뛰기 시작했다.

총성이 대규모로 울렸다.

"따다닥. 따다닥."

공기를 끊는 M16 특유의 사격음이었다.

공수부대의 선두에서 집중 사격이 시작되었다. 밖을 내다보던 나는 창문 밑으로 고개를 숙이고 엎드렸다. 1시 20분쯤, 총소리가 멎은 것 같아 살며시 고개를 들어보았다. 전일빌딩과 관광약국 앞에 사람들이 쓰러져 있고, 호텔 앞 도로에도 세 사람이 쓰러져 있었다.

도로에는 무서운 정적이 흘렀다. 수많은 사람들의 함성과 구호가, 지축을 흔들던 군홧발 소리가, 모든 소음이 집중 사격 뒤 일시에 사라졌다. 흡사 진공 상태, 고요의 바다에 빠져버린 느낌이었다. 창밖 푸른 플라타너스 가로수에 앉은 참새 소리가 "쩩쩩쩩" 들려왔다. 정적을 깨는 유일한 소리였다.

호텔 정문 건너편 금남화원 골목에서 젊은 사람이 낮은 포

장갑차에 타고 상체를 드러낸 채 태극기를 흔들던 붉은 티셔츠의 젊은이는
절명한 듯 상반신이 고꾸라져 있었다.

복으로 나와 대로에 쓰러진 부상자에게 접근했다. 또 다른 사
람도 골목에서 포복으로 다른 부상자에게 접근해 몸을 끌어
당기거나 부축해 데려갔다.

도청 근처에서 총소리가 간헐적으로 "퉁, 퉁, 투두둥" 들려
왔다.*

목포대생의 피격

아래층 호텔 로비에서 나를 찾는 다급한 목소리가 들렸다.
경비원이었다. 급히 로비로 내려가니 경비원이 안절부절 못
했다.

"과장님, 후문 경비실에 총에 맞은 학생 둘이 들어왔는데 어
찌할까요?"

"가봅시다."

내가 앞장서 후문으로 가니, 총에 맞은 학생은 쓰러져 있고

* 시위대의 장갑차가 돌진할 때 YMCA 앞에 있던 계엄군 장갑차가 후
진하면서 그 뒤에 있던 권용운 일병이 무한궤도에 깔려 사망했다.
이 상황은 11여단 소속 군인이었던 이경남 목사의 증언에서 분명하
게 밝혀졌다. 하지만《전두환 회고록》은 권 일병이 시위대의 고무바
퀴 장갑차에 깔려 죽었다는 거짓말을 아직껏 되풀이하고 있다(11여
단 61대대 3중대장 김 모 대위의 법정진술도 이 점을 명확히 밝히고
있다. 그러나 군 기록은 아직껏 시위대 장갑차의 계엄군 역사설(轢死
說)을 시정하지 않고 있다). 홍성표의 증언은 이 목사와 김 대위의 용
기 있는 증언을 뒷받침한다. 권 일병의 사망 직전 정황을 보여주는
보충 설명으로서 의의가 있다.

그 옆의 학생은 앉아 있다.

"어디를 맞았소?"

엎드린 학생의 허리를 가리켰다.

옷은 피로 얼룩져 있었다. 하지만 허리를 보니 천우신조였다. 총알이 허리띠를 뚫고 척추로 들어갔는데, 다행히 총알의 끝부분이 보였다. 거기서 피가 흘러나오고 있었다.

나는 1층 세탁실로 뛰었다. 객실의 욕실용 수건을 가져와 다친 학생의 허리를 질끈 동여매고 어깨를 잡아 일으켜 등에 업었다. 뒤따르는 학생을 데리고 후문 길가로 나가 좌우를 살폈다. 금남로와 연결된 왼쪽 길과 전봇대 앞 바닥에 쓰러져 피를 흘리는 사람이 있었다. 건너편 청명모밀의 닫힌 창문 속에서 공포에 찬 눈망울들이 나를 바라보고 있었다.

다친 학생을 업고 우체국 앞으로 갔다. 나라서적 앞에 많은 시민들이 모여 웅성거리고 있었다.

"총 맞은 환자입니다. 천변 적십자병원으로 데려다 주십시오."

나는 환자를 인계한 뒤 다시 호텔 후문을 향해 뛰었다.

한 달 뒤, 허리에 총을 맞은 학생이 환자복에 목발을 짚고 호텔 커피숍으로 찾아왔다. 전남대병원에 입원해 있는데, 우선 찾아뵙고 감사드리려고 왔단다. 목포대 2학년생으로 도청 시위에 참가했다가 돌아설 때 총을 맞았다고 했다. 그 학생이 다친 허리로 사회생활을 어떻게 하는지 지금도 궁금하다.

조준 사격

부상 학생을 옮기고 후문으로 들어올 때 경비실 뒤 삼양맨션 비상계단에서 나를 부르는 소리가 들렸다.

"아저씨, 아저씨. 위쪽에서 신음소리가 들려요."

급히 비상계단으로 뛰어 올라가니, 카빈총을 든 학생 2명이 겁에 질려 웅크리고 있었다.

"아저씨, 저 위 계단에서 신음소리가 나는데 한번 올라가보세요."

4층 비상계단 바닥에 사람이 옆으로 쓰러져 있었다. 등만 보이는 점퍼에 피가 묻어 있고 바닥에도 피가 있었다. 다가가서 쓰러진 이의 몸을 옆으로 돌리자 가슴에서 피가 부글부글 쏟아졌다. 지혈을 해야겠다고 생각해 계단을 내려오는데 학생 두 명이 물었다.

"죽었어요?"

"아니. 수건을 가져와야 해."

다시 세탁실로 가 욕실 수건 두 장을 챙겨 비상계단으로 뛰어 올라갔다.

그때 학생이 말했다.

"조심하세요. 저쪽 수협 옥상에 계엄군이 있어요."

"학생, 그렇게 겁나면 왜 총을 들고 있는가?"

"아저씨가 이 총 드세요."

학생이 제 총을 건네주고 옆의 학생이 실탄 몇 발을 내게 주었다.

4층에 이르렀다. 덩치가 커서 수건으로는 가슴을 묶을 수 없어 피가 쏟아지는 가슴을 수건으로 눌렀다.

"괜찮으십니까? 조금만 참으십시오."

내가 크게 소리를 지르자 신음을 멈추고 "영관아, 영관아"를 연발했다.

"영관이가 누굽니까?"

"402, 402."

"맨션 402호신가요?"

"내 아들 영관이한테 전해주우."

"알겠습니다, 알겠습니다."

그 사람은 뒤에서 총을 맞아 가슴 쪽으로 총알이 관통했다. 운명한 것을 직감하고 머리 밑에 수건을 받쳐 드렸다.

벽에 기대어 앉아 앞을 보니 건너편 수협 옥상에 군인 2명이 보였다. 옥상 환기구 주위에 총을 걸치고 우체국 쪽을 향해 사격하는 사수도 보였다. 옆에 놓인 카빈총을 들어 약실을 보니 실탄이 장전되어 있었다. 소총을 비상계단에 걸치고 수협 옥상에 있는 군인을 가늠자에 고정해보았다. 확실히 겨냥이 되었다. 하지만 방아쇠를 당기지 못했다. 사람을 쏘고 싶지 않았다.

바꾸어 생각하니 내 위치가 위태로웠다. 건너편 옥상 환기구 쪽에서 보면 나는 독 안에 든 쥐였다. 노출만 되면 얼마든지 명중시킬 근접거리였다. 올라올 때와 달리 카빈총을 한 손에 들고 고개를 숙인 채 벽에 찰싹 붙어 계단을 내려왔다.

교환실로 들어가 교환대를 가동하고 삼양맨션 경비실로 전화를 걸었다.

"비상계단 4층에 402호 주인이 운명해 계십니다. 안에서
문을 열고 모셔 가라고 전해주세요."

곧장 확인차 후문 경비실로 내려갔다. 위쪽에서 경비원의
문을 여는 소리가 들리고 이어서 부인의 울음소리가 들렸다.
불안해하는 경비 아저씨에게 후문을 잘 잠그고 조용히 안에
계시라고 당부했다.

오후 4시 50분. 2층에서 바깥을 보니, 금남로에는 사람들
모습이 사라지고 산발적인 총소리만 들렸다. 도청 쪽으로 장
갑차가 선두에 서고, 그 뒤로 군용 트럭들이 줄지어 늘어서서
도로를 질주하는 것이 보였다. 차들이 달려 나가는 금남로 끝
에서 다시 "두두두두" 기관총 소리가 들리더니 이내 조용해졌
다. 나중에 알아보니 공수부대가 총을 쏘아 길을 트면서 철수
하는 중이었다.*

* 5월 21일 오후 1시, 계엄군의 도청 앞 집단 발포가 있은 뒤 격분한
시위대가 인근 군·면의 무기고에서 가져온 카빈총으로 무장하고 광
주 시내로 들어오자, 계엄군은 황급히 외곽으로 철수했다. 당시 전
남도청에서 발포한 11여단 61·62대대와 7여단 33·35대대는 임시
주둔지였던 조선대로 철수하기 위해 장갑차를 앞세우고 그 위에 설
치한 기관총을 난사하면서 퇴로를 열었다. 조선대에서 화순 방향 주
남마을로 철수할 때 일반 병력은 조선대 뒷산 수박골로 넘어갔으나
차량제대는 지원동-화순 간 일반도로를 이용했다. 이들이 도로 좌
우에 무차별 총격을 퍼부어 인근 민가에서 희생자가 속출했다.

김선호 씨의 죽음

삼양맨션 402호에 살다 21일 공수부대의 조준 사격으로 사망한 분은 김선호 씨다. 1981년 5월 21일 저녁, 첫 기일에 내가 영전에 올리려고 하얀 꽃 한 다발을 사서 402호로 찾아갔다. 부인이 나와서 누구시냐고 물었다.

"작년 그날, 임종을 지켜본 사람입니다."

그러자 부인이 거실에 자리를 내주었다. 제사를 모시려고 일가친척 몇 분이 와 있었다. 그때 고인의 아들 김영관을 만났다. 그날 상황과 부친의 마지막 유언을 전하니 부인도 아들도 눈물을 흘렸다.

그 후 1988년 국회 청문회가 열릴 때 광주대 이사장이자 국회의원인 김인곤의 보좌관이 내게 찾아와 계엄군 발포 시 옥상에서의 조준 사격을 증언해달라고 요청했다. 나는 그때 백운동 국제관광호텔 개관 준비로 바빠서 나가지 못했다. 대신 고인의 부인이 나가서 남편이 수협 옥상에서 공수부대의 조준 사격으로 운명한 사실을 증언했다. 부인은 현장 증인으로 나를 언급했다.

"아들을 담양의 큰집으로 보낸 뒤 21일에 부부가 거실에 있다가 집중 사격 소리를 들었다. 남편이 '저놈들이 학생들 다 죽이나보네'라며 문밖으로 나갔다가 피투성이 주검으로 돌아왔다"라며 부인은 오열했다.

나중에 부인에게 들으니, 국보위에서 사람이 찾아와 "당신 남편은 계엄군 총에 죽은 게 아니다"라며 남편의

사망 사건을 5월 21일 발포와 연관 짓지 말라고 을러댔
단다. 망월동 5·18묘역으로 유가족들이 모이면서 세간의
이목을 끌자, 시신들을 흩어버리기 위해 당국이 온갖 수
단을 다 동원하고 이미 묻힌 사람도 망월동에서 파내 가
도록 유족을 돈으로 회유하던 시절이었다. 국보위 사람의
으름장 때문인지 모르겠으나, 유족은 고인을 5·18묘역이
아닌 담양 선산에 모셨다. 1985년에 5·18 관련 사망자로
인정받기까지 유족은 고달픈 우여곡절을 겪었다.*

삼양맨션 사망자 김선호 판정 관련	
종합 판단	사망자의 처 강□□의 진술 내용과 동 아파트에 거주하는 김□ □, 외과의사 이□□의 확인서 및 아파트 관리인 김□□, 사망 자의 승용차 운전사 김□□ 등의 진술을 종합컨대 사망자는 80.5.21.15:30경 자가에서 가족들과 함께 있다가 바깥 동정을 살피기 위해 7층 옥외 비상계단에 올라갔다가 유탄에 우측 흉부 관통상을 입고 사망한 것으로 확인됨.
판정	광주사태 당시 사망으로 판정. 전라남도 지사 전석홍 1985. . .

조사
결과
	위 사람은 광주사태 당시 거주지인 삼양맨션 7층 옥상 비상계단에
	서 총상에 의한 흉부 관통상을 입고 사망한 것으로 인정됨.
	  전라남도 부지사 嚴
	  광주지검 1부장 검사 金
	  안기부 광주분실 정보과장 宋
	  505보안부대 정보과장 姜
	  전남도경 정보과장 金
	  전라남도 내무국장 羅

국가기록원 754-127, 진상규명4호. 국방부과거사진상조사위원회.

잠시 뒤 분수대 주변에 시위대 한두 명이 모습을 드러내더니 만세를 부르며 팔짝팔짝 뛰는 모습이 보였다. 공수부대가 철수했다는 것이다. 사람들이 다시 도청 앞으로 모여들고 트럭이 들어서며 무장 시위대가 총성을 울렸다. 계엄군은 도청을 비우고 철수했다.

4층 빈 객실에서 다이어리를 정리하고 잠을 청했다. 실탄을 장전한 카빈총 한 정을 옆에 두고서.

22일 _ 호텔의 방화 위기

늦잠을 잤다. 잠을 잔 게 아니라 기절했다가 깨어난 것 같았다. 피 묻은 옷을 갈아입으려면 집으로 가야 했다. 창밖으로 금남로를 내다보니 사람들이 도청 쪽으로 움직이고 있었다.

* 조준 사격 목격과 희생자 구호 활동에 대한 홍성표의 구술은 5월 21일 도청 앞 발포가 '자위권 차원에서 우발적으로 이루어진 것이 아니'라는 주장을 뒷받침한다. 조준 사격은 시위대와 계엄군의 대치 상황이 치열해지기 전, 수협 옥상에 저격수가 미리 올라가 있었다는 사실을 전제로 한다. 실탄이 이미 저격수들에게 명령 체계에 따라 배분되었다는 것을 가정하지 않고서는 조준 사격이 이루어질 수 없다. 전일빌딩 옥상에서도 저격수가 조준 사격을 했다는 증언이 있다. 그러나 수협의 경우는 희생자가 특정된다는 점에서 더욱 주목된다. 희생자 김선호 씨는 기관원의 방해와 가족의 우려 때문에 뒤늦게 망월동에 안장되었고, 유공자로 인정되기까지 5년 이상이 지체되는 우여곡절을 겪었다. 관련 문서를 열람한 결과, 사망 경위 조사에 각종 정보기관이 깊숙이 개입한 사실이 눈에 띈다.

집으로 가는 도청과 상무관 앞 광장에 수많은 인파가 모여들었다. 노동청 앞 도로가에는 불탄 차의 잔해가 있었고, 길바닥에는 각목, 돌멩이, 보도블록 조각, 신발, 최루탄 빈통 등 각종 쓰레기들이 나뒹굴었다.

길가 담벼락에 붙은 대자보 앞에 사람들이 모여 웅성거렸다. 벽보의 내용은 이랬다.

'전두환을 견제하기 위해, 북한의 남침을 막기 위해 미7함대가 부산항으로 오고 있으니 시민들은 안심하시라. 모두 질서 회복을 위해 합심합시다.'

집에 도착하니 대문이 닫혀 있었다. 초인종을 눌렀다. 동생이 안 나오고 안집 아주머니가 대문을 열어주었다.

"아이코야. 총각, 무사했구만. 어제 종일 호텔 전화도 안 되고 을매나 걱정했는지 아는가?"

아주머니가 걱정스런 눈빛으로 책망하다가, 피 묻은 내 옷을 보고 놀란 눈빛을 보였다. 어제 삼양맨션 총상자를 지혈할 때 너무 피가 많이 나와 내 웃옷과 와이셔츠가 붉게 물들어 있었다. 내가 걱정하실 것 없다는 시늉으로 가만히 손사래를 쳤다.

"헌데 동생은 어디 가고 없는가요?"

"동생은 형님을 따라 고향으로 내려갔네. 아침 일찍 시골에서 형님이 올라오셨더구만. 광주 길이 꽉 막혀 쫄쫄 굶는 줄 알고 자전거에다 쌀이랑 반찬이랑 잔뜩 실어 와서 부엌에 모다 내려놓았네. 햐, 어제밤 꽝꽝 총소리에 얼마나 무섭던지, 혼자 있는 동생이 안쓰러워 안방으로 불러들였네. 남편이랑 셋이

서 함께 자려는데 도저히 잠이 안 와 뜬눈으로 뒤척였다네."

호텔 교환대가 꺼져 있어 전화가 불통이었다. 주인 부부, 동생, 형님에게 미안한 마음이 들었다.

"주인아주머니, 이젠 안심하셔요. 계엄군이 철수했으니 무슨 일이 더 일어나겠어요?"

부엌문을 여니 시골에서 가져다 놓은 쌀과 반찬이 보였다. 부모님의 마음 씀씀이가 가슴에 들어왔다.

나중에 이때 사정을 형님과 동생에게 자세히 들었다. 당시 고향의 부모님은 5월 21일 저녁 뉴스에서 광주 시내가 폭도와 간첩의 선동에 속아 넘어가 무법천지가 되었다고 해서 자식 걱정으로 마음이 천근만근이었다. 게다가 식량이 떨어져 사람들이 굶는다고 해서 결국 형님이 광주에 가기로 작정했다. 형님은 새벽 일찍 어머니가 챙겨주신 쌀 한 말, 묵은 김치, 된장, 상추 등을 자전거 짐바리에 싣고 페달을 밟았다. 호남고속도로를 따라 80리 길을 자전거로 달렸다.

고속도로는 계엄군이 바리케이드를 치고 통제하는 바람에 차량 통행이 끊겼다.* 형님은 도중에 이웃마을 친구를 만나 동행했다. 친구 역시 기아자동차 공장에 다니는 동생이 걱정

---

* 5월 18일 계엄이 확대되면서 고속도로와 주요 도로에서는 검문이 강화되었다. 5월 21일 오후부터는 광주가 전면 봉쇄되면서 외곽으로 통하는 모든 도로에서 차량 통행이 전면 차단되었다. 시외전화가 끊기고 외부에서 들어오는 물자들이 통제되었으며, 바리케이드를 침범하는 차량은 군인들의 집중 사격을 받았다.

되어 광주로 간다고 했다. 두 사람은 함께 오다가 동광주에서
인터체인지를 차단한 계엄군의 검문을 받았다.

"어디로 가는 길이오?"

총을 든 10여 명의 계엄군이 자전거에서 내린 형님 일행을
겨누며 물었다.

"동생 둘이 광주서 직장 다니고 학교 다니는데, 휴교령이 내
려 고향집으로 데려가려고 왔습니다."

"위험하니 큰 도로로 가지 말고 논둑길을 따라가도록 하시
오."

계엄군은 제지하지 않고 길을 터주었다.

형님은 무거운 자루를 실은 자전거를 끌고 논둑길을 지나
말바우시장으로 접어들었다. 그리고 거기서 골목길을 통해
계림동 쪽으로 진입했다. 함께 온 친구는 그곳에서 헤어져 광
천동 기아자동차 공장 쪽으로 가고, 형님은 금남로를 지나게
되었다.

거리에는 불탄 차량과 돌멩이, 각목, 화분대 등이 어지럽게
나뒹굴었다. 도청 앞에서 총을 든 시위대가 부산하게 움직이
고 있었다. 상무관을 지나 노동청 앞에 이르니 불에 까맣게 탄
차들로 일대가 쓰레기장처럼 변해 있었다.

이윽고 형님은 장동 뒷골목 단독주택 상하방*에 사는 동생

* 단독 주택에서 세놓은 두 칸짜리 셋방을 말한다. 당시 시골에서 광
  주로 유학 온 학생들은 부엌이 딸린 단칸방에 살거나, 남녀 오누이
  가 상하방을 얻어 자취를 하는 게 일반적인 풍속이었다.

들 집에 도착했다. 형님은 짐을 푼 뒤 시내가 전쟁터 같아 불안하다며 동생을 데리고 고향 곡성으로 향했다.

형님과 동생은 광주의 동북쪽 광주교도소 부근에서 검문을 당했다. 그래서 동광주 검문소를 피하기 위해 각화동 농로를 따라 교도소 앞을 지나 뒤편 산길을 거쳐 고속도로에 진입하려 했다. 비포장 1번국도 교도소 앞을 지날 때 길가에 기우뚱하게 버려진 트럭이 보였다. 앞 유리에 총알 자국과 핏자국이 있었다. 안에 탄 사람들 모두 죽은 듯했다. 무서워서 들여다볼 엄두가 나지 않았다.*

그곳을 지나 교도소 뒤편 산길로 들어섰을 때였다. 산속에서 갑자기 튀어나온 군인들이 길을 막았다. 형님이 깜짝 놀라 옆을 보니 산속에 30~40명쯤 되는 군인들이 잠복해 있었다. 군인 2명이 총을 겨누며 길로 내려왔다. 형님이 차분하게 말했다.

"곡성에서 늙으신 부모님을 모시고 농사를 짓고 사는 사람

---

* 광주교도소 부근은 담양, 곡성, 여수, 순천 방면으로 빠져나가는 국도와 서울로 가는 고속도로의 입구였으므로 계엄군의 차단 봉쇄가 삼엄했다. 5월 21일 오후 3공수여단 11대대는 광주교도소 정문에서 50미터쯤 떨어진 입구에 호를 파 진지를 만들고, 그로부터 시내 쪽으로 100여 미터 더 떨어진 삼거리에 바리케이드를 설치해 도로를 전면 봉쇄했다. 이날 저녁 8시경 계엄군의 사격으로 시내에서 벽지와 경운기 부품을 사서 담양집으로 귀가하던 임은택, 고규석이 가슴 등에 총상을 입고 즉사했다. 이튿날과 그 다음날에도 총 8명이 교도소 앞 도로에서 총상을 입고 사망했는데, 이들은 비무장 상태의 인근 읍면 거주자이거나 시외로 나가 광주 소식을 전파하려는 통행인이었다.

이오. 광주에서 자취하는 고등학생 동생이 데모에 가담할까 봐 염려되어 지금 데려가는 중이오."

군인들은 더 이상 말하지 않고 조심히 가라며 통과시켜 주었다.

고속도로에 진입해 고서를 지나 창평에 도착하니 아침에 올 때는 없던 군인들이 도로를 차단하고 검문을 하고 있었다. 자전거에서 내린 형님이 제지하는 군인들에게 자초지종을 되풀이해서 말하고 미리 준비한 제대증을 보여주었다. 군인들이 조심히 잘 가라며 거수경례를 붙였다. 그때 동생의 가방이라도 열어서 뒤졌다면, 안에 든 유인물 때문에 어떤 곤욕을 치렀을지 모르겠다.

아무튼 부모님의 알뜰한 배려와 형님의 80리 운반 노역 덕분에 든든히 배를 불릴 수 있어서 고마울 따름이었다. 옷을 갈아입고 다시 바깥으로 나섰다.

호텔로 돌아오는 길에 보니 도청에 조기가 게양되어 있었다. 트럭에 탄 시위대는 수건으로 머리를 두르거나 마스크를 쓰고 총을 들었다. 도청 옥상에 설치한 확성기에서는 뉴스가 흘러나왔다. 계엄군이 철수하면서 무장 폭도들에 의해 광주 일원이 무정부 상태가 되었다는 내용이었다. 폭도가 총기, 다이너마이트, 탄약을 탈취하고 도청을 점거했다고 했다.

뉴스를 들은 시위대가 하늘을 향해 총을 쏘았다.

"왜 우리가 폭도냐!"

다른 사람도 고함을 지르며 총을 쏘아댔다. 옆에 있는 사람들이 총을 쏘지 말라고 말렸다. 무분별하게 예고도 없이 쏘아대는 총소리는 두려움을 주었다.

많은 사람들이 도청에 운집했다. 전일빌딩 앞 도로에 총을 든 시위대가 있고, 관광약국 앞 길가엔 카빈총을 들고 실탄을 장전하는 젊은이들이 눈에 띄었다. 길가에 앉아 카빈총을 만지는 사람에게 총구를 언제나 하늘을 향하도록 하고, 안전고리를 잠가 오발하지 않도록 주의를 주는 사람도 있었다. 총기를 다룰지 모르는 사람들이 총을 잡고 있어 나도 내심 불안했다.

호텔 앞에 이르니 그동안 보이지 않던 직원들이 나와 있었다. 셔터를 내린 정문 앞에서 서로 안부를 물었다. 이발사 김 씨도 보였다. 한쪽 팔을 붕대로 감아 어깨에 메고 있었다. 계엄군의 진압봉에 맞은 사람들이 어디 한둘인가. 도망치다 등짝을 맞고, 정면으로 대들다가 머리통이 깨지고, 잡혀서 불구가 되도록 온몸을 구타당하며 지낸 나흘이었다.

호텔 앞에서 젊은 사람 몇 명이 모여 수군댔다.

"관광호텔 특실에 전두환이 동생 전경환이가 투숙해서 광주 사정을 염탐하고 있다더라."

"그런 놈은 당장 황천으로 보내야 해."

"화염병을 던져 호텔을 불질러버리자."

옆을 지나치다 들은 소리에 그만 가슴이 철렁했다. 화염병 한두 개만 창문 안으로 던지면 건물은 한순간에 재가 되어버릴 판이었다.

내가 즉시 대화에 끼어들었다.

"나는 이 호텔 직원이오. 전경환이가 있다니 말도 되지 않는 이야기요. 보다시피 호텔은 19일부터 셔터를 내렸고, 어떤 고객도 받지 않고 있소."

그러자 옆에서 젊은이가 맞장구를 쳤다.

"이분 말이 맞아요. 이분은 호텔 직원이 틀림없어요. 어제도 부상자를 운반하느라 애 많이 쓰시는 걸 내가 봤어요."

모여 있던 사람들은 그제야 내 말을 믿고 흩어졌다. 내 말에 동조 발언을 한 사람은 청명모밀 점원이었다.

프런트과장 장일국은 전주 출신으로 호텔 4층 남자 숙소에 기거했다. 호텔의 동급 중에서 가장 절친하게 지낸 이로 평소에 낚시도 같이 다녔다. 이날 그와 함께 객실에 누워 늦게까지 서로 보고 들은 내용을 나누다 잠을 청했다.

밤이 이슥할 때 멀리서 동시다발로 총소리가 났다. 총소리는 간헐적으로 들려오다 이내 잦아들었다. 광주공원에서 시위대가 모여 사격 훈련을 한다고 했다. 총소리로 보아 권총, 카빈총, M1이었다. M16 소리는 없었다.

23일 _고정간첩, 깡패, 흑색선전

요 며칠 사이, 자고 난 뒤 내 일과의 시작은 밖이 제일 잘 보이는 2층에서 외부를 관찰하고, 호텔 외부와 입구를 점검하는 것이었다.

도청 앞으로 사람들이 끊임없이 모여들었다. 리어카에 시신을 싣고 오는 광경이나, 트럭이나 지프차를 타고 총을 든 시위대가 오가는 모습이 새로운 도심 풍경이었다. 전일빌딩 정문의 셔터는 절반 정도가 강제로 젖혀졌다. 그 사이로 시위대가 드나들었다. 빌딩 일부를 시위대가 점거하고 있는 것 같았다.

오전 10시 20분경, 전일빌딩 입구에서 소란이 일어났다. 웬 남자가 학생들에게 끌려 나오는 게 보였다. 멀리서 봐도 당황한 모습의 주인공은 한동수 이사였다. 호텔 옆 삼양맨션 신혼집에 사는 이가 호텔에는 나타나지도 않으면서 왜 저곳에서 봉변을 당할까? 의아하게 생각하며 바라보는데, 카메라와 소지품을 빼앗기고 다행히 풀려나 안심했다. 정황으로 보아 사진을 찍는 수상한 사람으로 몰린 게 틀림없었다.

호텔 앞 도로에 보도 완장을 찬 외국인 카메라 기자를 학생 여러 명이 보호하듯 안내하며 취재를 돕는 광경이 보였다. 키가 큰 기자는 작업복 상의를 입고 대형 카메라를 들었다. 기자를 돕는 학생은 의기양양해 보였다.

한동수 이사 문제며 밖의 상황이 궁금해 금남로로 나갔다. 도청 광장으로 오는 사람들은 유비통신만으로는 믿을 수 없어 직접 자기 눈으로 상황을 확인하겠다는 사람들이었다.

내 옆으로 많은 사람들이 스쳐 지나갔다. 머리가 희끗희끗한 노인이 행인들 사이에 멈춰 서서 소리쳤다.

"이놈들아, 내 아들 내놔라, 내 아들 내놔."

노인은 노기 띤 목소리로 실성한 듯 계속 악을 썼다.

어제와 그제 사이 군인에게 아들을 잃은 노인의 안타까운 모습이었다.

남도예술회관 벽에 커다란 대자보가 붙었다. 사람들이 그 앞에 모여 웅성웅성 이야기를 나누었다. 도청 정문에는 시위대 일부가 총을 들고 출입을 통제하고 있었다. 혼란 속에 질서가 잡혀가는 게 보였다.

내가 오가는 노동청 주변 길거리도 보기 싫지 않을 만큼 청소를 했다. 짐칸에 붉은 글씨로 '시체 운반', '환자 수송'이라고 쓴 트럭이 오가고, '타격대'라고 쓴 트럭에 탄 시위대가 도청으로 들어오며 공포를 쏘기도 했다.

도청 옥상 확성기에서 〈우리의 소원은 통일〉이 흘러나오자 사람들이 손을 잡고 따라 불렀다. 분수대 주변에서는 집회를 열어 질서를 회복하기 위한 역할 분담과 협조를 구했다.

호텔 후문으로 돌아오니 경비 아저씨가 졸고 있다가 인기척에 화들짝 놀랐다. 옥상으로 올라가 도청 광장 집회를 주시했다. 헬기가 날아가며 전단지를 뿌렸다. 몇 장이 호텔 옥상으로 떨어졌다. '고정간첩, 불순분자, 깡패들이 총기를 탈취해 난동을 부리니 시민들은 집으로 들어가라'라는 내용이었다.

고정간첩, 불순분자, 깡패!

어이없는 말들이었다. 호텔을 출입하던 시내 건달들이나 나이트클럽을 제집 드나들 듯하며 설치던 이들은 코빼기도 비치지 않았다. 다른 유흥업소에 출입하던 알 만한 똘마니, 깡패도 씻은 듯 사라지고 없었다. 학생 시위가 격렬해지면서 눈치가 빠른 그들이나 평소에 남의 반감을 사던 유지들은 일찌감치 광주를 뜨거나 집안에 콕 틀어박혀 나오지 않았다. 그런데 고정간첩, 불순분자, 깡패가 설친다?

옥상에서 내려와 프런트 로비에 앉아 머릿속을 정리했다. 나이트클럽이 끝난 뒤 일부 취객들의 주정, 술 취한 사람들의 분별없는 망동, 그들의 거칠고 끝없는 주사가 떠올랐다. 만약 시위대 일부가 호텔로 침입한다면? 한밤중에 총을 든 사람이 전일빌딩처럼 셔터 문을 뜯고 난입해 양주를 마셔댄다면?
'큰일이다!'
경비 아저씨에게 도움을 요청했다.
"칵테일 라운지의 양주를 다른 곳으로 옮깁시다."
경비 아저씨가 흔쾌히 찬동하고 거들었다.
수입 양주가 즐비한 진열장은 보는 이의 호기심을 자극하고, 술꾼이라면 대취하고픈 유혹이 들게 한다. 이 양주들은 관광공사에서 운영하는 호텔용품센터에서만 살 수 있는 도수가 높고 질이 좋은 진품이었다. 창고에서 상자를 가져와 진열장에서 병을 하나씩 꺼내 차례대로 담고, 옆 교환실에 차곡차곡 쟁였다. 그리고 보일러실 공구함에서 못과 망치를 가져와 교환실 팻말을 떼고 문을 고정했다. 비로소 안심이 되었다.
내가 이렇게 한 까닭은 호텔의 재산인 비싼 양주를 탈취당하는 것이 아까워서가 아니었다. 주사와 망동이 시민에게 입힐 화를 생각해서였다.

이런 조치 덕분에 호텔의 손실은 27일 새벽 호텔에 진입한 공수부대가 기둥에 비치된 전시용 와인의 절반을 수통에 따라간 것에 그쳤다. 5·18 피해 보상을 보고할 때도 파손된 시설 외에 분실물은 없었다. 송주형 사장은 전 직원 회의석상에서 내가 한 조치들을 치하했다.

24일 _ 자전거로 바람 쐬기

오전 늦게까지 자고 일어나니 숙소 생활을 하는 장일국 과장이 호텔에 들어와 있었다. 호텔의 주방이나 식자재 냉장고는 조리사들이 잠가버렸고, 가스도 쓸 수 없었다. 가까운 우리 집으로 가서 점심을 먹자면서 장 과장을 데리고 호텔 밖으로 나왔다. 이상하게 며칠 전부터 한 끼도 안 먹고 넘기는 날이 많았지만 배가 고픈 줄 몰랐다. 그러다가 막상 눈앞에 먹을 게 보이면 식욕이 동하곤 했다.

도심은 대중교통이 끊겨 자전거가 중요 이동 수단이었다. 계엄군이 철수한 거리를 시민들이 활보하기 시작하자 문을 연 식당이나 가게 들이 눈에 띄었다. 장 과장 말로는, 어젯밤 충장로 4가의 당구장에 갔더니 밤새도록 북적였고 문을 연 다방도 있었단다.

집에서 쌀을 씻어 밥을 짓고 시골에서 형님이 가져다 놓은 밑반찬과 김치로 점심을 배불리 먹었다. 호텔로 향하면서 노동청 앞을 지나 상무관에 들렀다. 체육관을 가득 채운 포르말린 소독약과 향 타는 냄새가 코를 찔렀다. 완장을 찬 대학생들이 즐비하게 늘어선 관들 사이를 오가며 안내했다. 관 앞에 엎드려 오열하는 유족들의 울음소리가 귀를 파고들었다. 뚜껑을 닫고 태극기를 씌운 관은 신원이 확인된 것이고, 뚜껑이 열린 관은 아직 신원이 밝혀지지 않은 것이라 했다. 세어보니 모두 27개였다.

상무관을 나와 광장을 가로질러 도청 정문으로 향했다. 카빈총을 들고 정문을 지키는 시위대가 우리를 제지했다. 동생이 집을 나간 뒤 돌아오지 않아서 찾으러 왔다고 말하니 들여보내 주었다. 도청 본관 앞에 신원을 확인하지 못한 시신들이 줄지어 누워 있었다.

총에 맞은 시신은 너무도 참혹했다. 한쪽 발에만 신발을 신은 시신은 얼굴이 검푸른 빛으로 굳어 있었다. 진한 곤색 교복을 입은 여학생의 시신은 총알이 관통해 목의 절반이 떨어져 나갔고, 검게 굳은 피가 목 주변과 얼굴에 묻어 있었다. 교복의 흰 칼라가 5월의 햇살을 받아 눈부시게 빛나고, 검푸르게 굳은 얼굴은 단잠에 든 듯 평온했다. 침통한 표정으로 옆에 선 장 과장의 손을 꽉 잡았다.

도 경찰국 앞으로 가니 경찰들이 벗어던지고 간 전투복과 철망 달린 방석모 등이 넓은 마당에 가득 뒹굴고 있었다. 철수할 때 사복으로 갈아입고 도경 담장을 황급히 빠져나간 모양이었다.

다시 도청 정문으로 나오자 들어올 때 우리를 제지했던 보초가 "동생분, 찾으셨습니까?"라고 물었다. 대답 대신 그의 어깨를 토닥여주었다.

도청 앞에서 허리에 권총을 찬 박남선* 상황실장을 만났다. 그 앞에서 무언가 지시를 받은 무장 시위대가 거수경례를 붙이고 곧장 떠나자, 또 다른 사람들이 그의 지시를 기다렸다. 시위대 모두가 15, 16일의 횃불시위 때처럼 조직적으로 상황에 대처하고 있는 것 같아 믿음직스러웠다.

호텔 후문에서 당구장이나 다녀오겠다는 장 과장과 헤어졌다. 경비 아저씨의 자전거를 빌려 타고 시내를 한 바퀴 돌아볼 생각으로 금남로와 중앙로를 거쳐 계림동을 지나 두암동 길로 페달을 밟았다.

동신대 앞 내리막길에 시위대가 설치한 화분 장애물이 도로 가운데에 놓여 있었다. 화분을 피해 내려가 두암동 동일실업고등학교 앞에 이르렀다. 호남고속도로 입구에 친 바리케이드 주변에 5~6명의 계엄군이 서 있는 게 보였다. 학교 안에서는 군인들이 상의를 벗고 2층 교실 창가에 기대 담배를 피

---

* 5월 24일, 무조건 총기 반납에 나선 수습위원회의 활동에 반대해 새로운 항쟁 지도부를 구성한 인물(당시 26세, 골재 차량 운전수)이다. 당시 대학생은 아니었으나 상황실장을 맡아, 들불야학팀을 중심으로 전남대 후배들을 조직한 윤상원 대변인, 김종배 위원장 등과 함께 5월 27일 새벽 도청 항쟁을 이끌었다.

우고 있었다. 그들은 운동장에 있는 동료들에게 고함을 지르며 웃었다. 동일실고에 계엄군이 주둔한 듯 트럭과 지프가 운동장 한쪽에 주차되어 있었고, 군인들이 러닝셔츠 차림으로 양편으로 나뉘어 축구를 하고 있었다.

차단된 고속도로와 국도 주변을 보니 며칠 전 자전거를 타고 이 길을 거쳐갔을 형님과 동생이 떠올랐다. 그러다 문득 학교 교문 앞에 서 있는 계엄군이 도로 위의 나를 지켜보고 있는 것이 의식되었다. 순간, 나를 정탐하러 나온 시위대로 오인할 수 있겠다는 생각이 들어 자전거를 돌려세웠다. 그때 두 명의 군인이 내 쪽으로 뛰어왔다.

급히 자전거에 올라 페달을 힘껏 밟았다. 동신대 정문 쪽 오르막길을 헐레벌떡 오르니 지프에 탄 시위대가 물었다.

"아저씨, 저쪽 상황이 어떻던가요?"

내가 가쁜 숨을 고르며 대답했다.

"동일실고에 계엄군이 주둔해 있네. 고속도로 입구는 바리케이드로 막아 놓았고. 위험하니 더 나아가지 않는 게 좋을 듯싶네."

계림동 길로 되돌아오며 대인시장 입구와 시민관 앞을 지나는데 시민들이 나와 청소를 하거나 시장을 드나들고 있었다.

도청 앞 광장에는 사람들이 운집한 가운데 궐기 대회가 열렸다. 분수대 위에서 연사가 마이크를 잡고 발언하자 주위를 가득 메운 시민들이 박수를 쳤다.

호텔로 돌아와 다이어리를 정리하고 객실 침대에 누워 잠을 청했다.

25일 __ 문을 연 가게들

오전에 호텔 내부를 한 바퀴 순찰했다. 정문과 나이트클럽 입구 셔터는 견고하게 내려져 있었다. 독한 최루가스는 많이 빠져나가 며칠 전처럼 지독하지 않았다. 냉장고도 정상 작동하고, 비상 전등도 이상이 없었다. 승강기도 움직였다.

후문과 우체국 사이에 있는 슈퍼에 들러 빵, 콜라, 라면을 샀다. 슈퍼 아주머니는 돈을 받지 않으려 했다.

"그냥 가시게. 나중에 줘도 돼. 6·25 때도 이러지 않았는데, 이런 난리는 첨 봤네. 애먼 사람, 어린 학생들을 몽둥이로 패고 총으로 쏴 죽이고……. 가게로 뛰어들어 온 학생을 저 방 옷장에다 숨겨주었는데, 방망이 든 공수 두 놈이 고개만 내밀고 그냥 가더라구. 간이 콩당콩당 뛰어 혼났구만. 며칠 가게를 닫았다가 필요한 사람들에게 물건을 줘야겠다고 어제부터 연 거여."

"이젠 마음 놓으셔요. 감사합니다."

뚱뚱한 아주머니는 몸집만큼이나 마음이 넉넉했고, 누님같이 포근했다.

호텔로 들어오다가 경비 아저씨에게 빵과 음료를 나누어 주었다. 아저씨는 걱정스런 얼굴로, 방금 총을 든 학생 두 명이 후문 비상계단 입구를 열어달라고 해서 열어줬더니 옥상으로 올라갔다고 했다. 호텔 외부는 5층까지 철제 계단이 이어져 있고, 5층부터 7층까지는 회전식 철제 계단이었다.

객실에 보관하고 있던 카빈총을 메고 승강기를 탔다. 7층에 내려 옥상으로 향했다. 8층은 공간 절반이 조립식 건물이고, 동쪽 공간은 방열용 밤자갈이 깔린 빈터였다. 학생 두 명이 도청을 향해 총을 쥐고 엎드려 있는 게 보였다. 광장에서 열리는 집회를 경계하는 중인 듯했다.

"나, 호텔 직원이오. 여기서 뭣들 하시나요?"

내가 부드럽게 묻자 두 사람이 일어났다.

"지금 경계 근무를 서고 있습니다."

두 사람은 총을 멘 나를 보고 절도 있게 대답했다. 내가 웃으며 말했다.

"이 사람들아, 경계 근무는 도청을 향해 서는 것인가? 이 옥상은 금남로 끝이 보이지 않는 위치일세. 유동 쪽에서 들어오는 군인들을 보려면 딴 곳이라야 하네. 그냥 내려들 가시게. 이곳은 나 혼자만으로 충분하네."

"아, 그렇군요. 아저씨 말이 맞아요."

그들이 인사를 하고 철수했다. 아마 카빈총을 메고 있는 내게 동질감을 느끼지 않았나 싶다.

26일 _ 한광수 사장의 편지

계엄군이 물러난 뒤 도청 광장에서 연일 집회가 열렸다. 시내

버스가 끊긴 지 오래라 사람들은 걷거나 자전거를 이용해 광장으로 모였다. 통행은 자유로웠다.

호텔에도 몇몇 간부들이 나와서 서로의 무사함을 확인하며 기뻐했다. 그동안 프런트과장 장일국, 경비원 최만성, 그리고 내가 호텔에 계속 있었고, 오늘 새로 총지배인 이봉범, 서무과장 박일주, 나이트클럽 영업과장 윤종환(송 대표의 처남), 하우스키퍼 김용호가 얼굴을 보였다. 오후에는 송주형 대표도 나왔다.

모두들 굳게 닫힌 호텔 문을 보며 언제나 열 수 있을까 걱정했다. 간부들은 전경환이가 호텔에 와 있다더라, 시위대 간부들이 매일 밤 여학생들과 호텔에서 호화판 파티를 연다더라 따위의 유언비어를 들으면서 속이 타들어갔다고 털어놓았다. 그러면서도 공수부대와 격전이 벌어지는 한복판에 있는 호텔에 나올 엄두를 내지 못했다.

오후 5시경, 전주관광호텔 한광수 사장이 인편으로 보낸 편지가 도착했다. 편지를 가지고 온 사람은 세탁 책임자 손화성이었다. 그는 전주관광호텔로 파견 나간 우리 호텔 직원이었다. 자전거를 타고 순창, 담양을 거쳐 광주로 들어왔다고 했다. 들어올 때 검문을 몇 차례 당했는데, 그때마다 처자식이 있는 광주로 간다고 해서 통과했다.

손화성은 한 사장의 편지를 무슨 비밀문서라도 되는 듯 구두 밑창에 숨겨 왔다. 편지를 다 읽은 송 대표가 읽어보라며 내게 건넸다. 내용은 이랬다.

광주가 고립되어 먹을 게 없다고 들었다.

생필품이 떨어져 광주 직원들이 굶고 있을까 걱정된다.

우리 호텔의 쌀과 식자재를 트럭에 실어 보낼 수 있으니

급하면 즉시 답장을 보내라.

22일부터 군인들의 봉쇄로 외곽이 통제되고 시외전화가 차단되었다. 그래서 외부에서는 광주에서 무슨 일이 일어나고 있는지 제대로 알지 못했다. 계엄사의 검열을 받는 언론들은 진실을 알리기보다 군 당국이 불러주는 대로 보도했다. 신문은 끊겼고, 방송은 광주가 폭도들의 무법천지라거나 치안 부재라고 떠들었다. 시외전화가 끊겨 속사정을 알지 못하는 외부 사람들은 생필품 부족 사태나 약탈 강도가 없다는 사실을 반신반의했다.

자전거를 타고 오느라 고생한 손화성은 귀가했다. 송주형 사장은 잔다며 601호실로 들어갔다. 경비 아저씨는 내려갔고, 나와 박일주, 윤종환, 김용호, 장일국은 603호실로 들어가 고스톱을 쳤다.

잠시 뒤 송 사장이 우리 방문을 빼꼼히 열었다. 잠자리가 바뀌자 잠이 오지 않는 듯했다. 내가 집으로 들어가라고 권했다.

"호텔은 우리들이 지키겠습니다. 댁으로 가셔서 주무십시오."

송 사장은 수고하라고 말하고 귀가했다. 화투패에 끼지 않

은 내가 송 사장을 배웅했다. 그날 밤, 송 사장이 귀가한 게 천만다행이었다.

돌아와 잠을 청하려는데 장 과장이 나를 흔들어 깨웠다.

"여기서 잘 거야? 나는 4층에 내려가 잘게."

그가 웃옷을 챙겨 내려가고 남은 3명은 계속 화투를 쳤다. 내가 다시 잠을 청하는데, 도청 옥상 확성기에서 애절하고 가냘픈 여성의 목소리가 들렸다.

"광주 시민 여러분, 계엄군이 쳐들어오고 있습니다. 도와주세요. 도청 앞으로 나와주세요."

방송은 끊어질 듯 이어지고 다시 들리기를 몇 차례 되풀이했다. 정확한 발음은 들리지 않지만 을씨년스럽고, 애절하고, 호소력이 있었다.

문득 애처로운 생각이 들었다. 저 방송을 듣고 이 밤중에 누가 호응할까? 계엄군이 정말 쳐들어왔는가? 의구심 속에 잠은 달아나고, 화투패의 고스톱 열기는 계속 이어졌다.

6

계엄군의 호텔 점령

5월 27일~28일

27일 _ 601호 각하의 방에서

화투패 박일주, 윤종환, 김용호 세 사람은 고스톱에 열중했고,
나는 잠이 안 와 뒤척였다. 그때 셔터를 두드리는 요란한 소리
가 들렸다. 모두 깜짝 놀라 귀를 쫑긋 세웠다. 누군가 호텔 정
문을 부서져라 두드리고 있었다. 새벽 3시 10분쯤이었다.*
급히 승강기를 타고 1층 로비로 넷이서 내려갔다.

---

* 계엄군의 5월 27일 새벽 진압 작전은 전투력이 우수한 3·7·11공수
여단에서 차출된 특공대가 전남도청, 전일빌딩, 광주관광호텔 등을
분담해 선제 타격으로 점령하고, 이어 20사단이 후속 부대로서 각각
의 점령 목표를 인수하며, 향토 사단인 31사단이 외곽과 해상 도주
로를 봉쇄해 무장 시위대의 탈출을 차단하는 방식으로 진행되었다.
광주관광호텔 점령이 목표인 부대는 11여단 4중대였는데, 이들은
다른 부대와 함께 광주비행장에 집결해 있다가 진압 작전이 개시되

"문 열어! 이 새끼들아, 빨리 문 열어!"

계엄군의 목소리였다. 개머리판으론지, 군화발론지 연속해서 셔터를 두들겨댔다. 셔터 사이로 군복이 얼핏 보였다. 함께 내려간 우리들은 덜컥 겁이 나 서로 얼굴을 쳐다보았다.

문득 자고 있는 장일국 과장이 걱정되었다. 급히 프런트에 보관 중인 4층 객실 문 비상열쇠를 챙겨 들고 승강기에 올랐다. 그 사이 화투패 3명은 어디론가 사라져버렸다. 4층에 내려 312호 문을 열었다. 장 과장은 스탠드 등을 켜고 혼곤히 잠에 빠져 있었다.

"장 과장, 일어나! 계엄군이야, 계엄군이 왔어."

장 과장은 급히 일어나 옷을 입었다. 바깥 복도로 나가니 중앙 계단으로 다리를 절뚝이며 경비 아저씨가 올라오고 있었다.

"에이 사람들, 나만 두고 숨어버렸네."

경비 아저씨가 투덜거렸다.

아래층에서는 셔터 부수는 소리가 더욱 크게 들렸다. 우리는 경비 아저씨를 데리고 다시 승강기에 올라 6층을 눌렀다. 방탄유리로 된 601호 대통령 전용실이 안전할 것 같았다. 601호에는 외부인이 들어오지 못하도록 차단 문이 복도 중간

기 전날 오후 주남마을로 헬기로 공수되어 대기했다. 이들은 지리에 밝은 경찰의 안내를 받으며 조선대를 거쳐 시내로 침투했다. 진압군의 점령 목표 도착 시간은 군 문서에 새벽 4시라고 나와 있으나, 광주관광호텔 점령 특공대의 금남로 도착 시각은 이보다 조금 빨랐던 것으로 보인다.

150

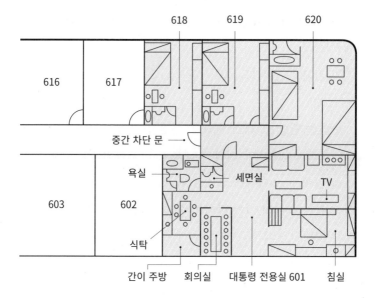

616 617

618 619 620

중간 차단 문 →

욕실 세면실 TV

603 602

식탁

간이 주방 회의실 대통령 전용실 601 침실

6층 객실 배치도.

에 설치되어 있었다.

　방이 넓어 어디에 숨을지 몰라 망설이는 사이, 장 과장이 뒤가 마렵다며 화장실로 들어갔다. 극도로 긴장할 때 일어나는 생리 현상이 덮친 것이다. 나도 용변이 급했다. 간이 주방, 회의실, 식탁을 뱅뱅 돌다가 응접실 변기에 앉았다. 하지만 변이 나오질 않았다.

　그 순간 위층에서 군홧발 소리가 쿵쿵 울렸다. 레스토랑, 소형 연회장, 메인 주방이 있는 층이었다. 이어 아래층에서 총소리가 들리고, 문을 발로 차는 소리가 났다. 장 과장과 나는 잠시 의논했다.

"이 방은 제일 좋은 방이니 계엄군이 틀림없이 수색할 걸세."

"여기가 더 위험하니 다른 방으로 옮기자."

"그래!"

우리는 옆방 620호로 들어가 문을 잠갔다.

620호는 619호와 더불어 대통령 전용실인 601호와 복도를 사이에 두고 마주보고 있었다. 620호는 금남로 쪽이고 창이 통유리로 되어 있어 바깥이 잘 보였다. 도청 광장에는 시위대가 뛰어다니고, 금남로 인도 주변에는 철모에 흰 띠를 두른 계엄군이 화분대를 엄폐물로 삼아 낮은 자세로 접근했다.

'아, 정말 계엄군이 밀고 들어오는구나!'

머리 위 7층에서 저벅저벅 발소리가 들릴 때마다 가슴이 탔다.

"숨어야 해!"

하지만 어디로 더 숨는단 말인가.

더블 침대 밑으로 장 과장이 기어 들어갔다. 뒤따라 들어가려는 경비 아저씨의 어깨가 걸렸다. 내가 침대를 들어주니 쏙 들어갔다.

우리가 있는 6층에서도 발소리가 들려오기 시작했다. 총소리가 났다. 발로 차서 안 열리는 방문은 총으로 실린더를 쏴 박살을 내는 것 같았다. 그러고도 안 열리면 아예 실린더 주위를 도려내는 듯 연발 사격 소리가 들렸다. 문짝이 거칠게 열리며 벽면에 부딪치는 소리도 들렸다. 군인들은 그렇게 방을 하나씩 수색하며 다가왔다.

침대 밑에 누운 나는 어둠 속에서 신경을 곤두세웠다. 어찌나 긴장되는지 목구멍을 따라 침 넘어가는 소리가 유달리 크게 들렸다. 걱정이었다. 나이 든 경비 아저씨가 행여 기척을 내거나 기침이라도 하면 졸지에 사살될 거라는 불안감이 엄습했다. 침대 밑을 기어나와 욕실 수건을 가져왔다. 그리고 두 사람에게 나누어주며 입에 물고 있으라고 했다. 나도 한 장 입에 물고 소리를 죽였다.

수색조의 발소리가 점점 크게 들렸다. 발소리가 멈추는가 싶더니 복도 중간 차단 문 앞에서 통통 총소리가 나고, 곧 발로 문을 차는 소리가 났다. 결국 우리가 있는 3개의 방을 막은 복도 문이 열렸다.

'아, 오늘이 내 인생의 끝날인가!'

짧은 순간 어머니 얼굴이 스쳐갔다.

헬기 사격의 섬광

옆 619호 방문이 세차게 열리는가 싶더니 두런거리는 소리가 들렸다. 곧이어 601호 열리는 소리가 나고 우리 방문을 거칠게 차는 소리가 들렸다.

수색하는 계엄군이 방 안에 사람이 있는 것을 알면 분명 총을 쏘아댈 것 같았다. 그러나 우리 방문은 세찬 발길질에도 열리지 않았다. 지난번에 실린더 고장으로 문짝의 실린더 부분

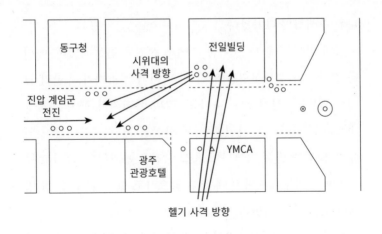

동구청

전일빌딩

시위대의
사격 방향

진압 계엄군
전진

광주
관광호텔

YMCA

헬기 사격 방향

목격자가 말하는 5월 27일 새벽 상황.

을 목수가 오려내어 상판 패널을 새로 보강했기 때문이었다.

'그냥 지나가는가?'

잠시 부스럭거리는 소리가 나더니 발소리가 멀어졌다.

계속 둔탁하게 들려오던 위층의 발소리가 잠잠해지고, 우리가 있는 객실 층에서도 아무런 인기척이 들려오지 않았다. 살며시 침대 밑에서 기어나와 창가로 다가가 밖을 내려다보았다.

아직 날이 밝지 않은 미명이었다. 금남로 인도를 따라 계엄군들이 화분대와 가로수를 엄폐물로 삼아 그림자처럼 거뭇거뭇 접근하고 있었다. 호텔 정문 근처와 건너편 동구청 앞에도 서너 명의 계엄군이 보였다.

그때 전일빌딩 쪽에서 총성이 울렸다. 어둠을 타고 도청으로 진격하는 계엄군을 향해 시위대가 총을 쏘는 것 같았다.

호텔 앞에 방탄조끼를 입은 지휘자가 전일빌딩 쪽을 보며 말했다.

"허, 이놈들 봐라. 마구 쏘네."

어이없어 하는 목소리가 또렷하게 들려왔다. 전일빌딩 위쪽에서 시위대가 접근하는 계엄군을 향해 사격을 하는 게 보였다. 지휘자는 따라오는 부하들에게 큰소리로 주의를 주었다.

"야 임마, 머리 숙여. 너 죽고 싶어? 어서 머리 처박어."

군인들은 몸을 숨기고 M16을 들어 대응 사격했다.

호텔 옆 인도에 있는 계엄군들은 엄폐물 뒤에 숨어 전진을 못하고 있었다. 총알이 발사되는 곳이 전일빌딩 고층이라서 금남로 쪽에 있는 계엄군은 상대적으로 불리했다.

얼마 뒤, 3시 40분쯤 되었을까? 호텔 건너편 전일빌딩 쪽을 보니, 광주우체국 방향에서 전일빌딩 위를 향해 섬광이 연속해서 날아가는 것이 보였다.* 공중에서 날아가는 탄환이었다.

* 이 대목은 목격자가 6층 620호에 있을 때 유리창 밖으로 내다본 상황이다. 목격자는 호텔 위쪽 상공에서 헬기가 전일빌딩을 향해 사격했다고 말하고 있다. 이 목격담은 헬기 사격이 어떤 정황에서 이루어졌는가를 설명한다는 점에서 의미가 있다. 목격자는 광주관광호텔과 전일빌딩을 점령하려는 11여단 특공대가 날이 채 밝기 전 금남로 인도를 따라 은신하며 목표에 다가가다 전일빌딩 고층에 있는 시위대에게 총격을 받았고, 이를 제압하기 위해 부득이 헬기를 요청한 것으로 이해하고 있다. 현재 전일빌딩 10층 기둥에 남은 탄흔의 위치와 모양으로 보아 헬기는 광주우체국 방향에서 체공하다 전일빌딩 고층을 향해 사격한 것으로 추정된다.

괭음이 들려왔다.

"두두두두두두두두."

기관총 소리였다. 카빈총이나 M16과는 명백히 다른 둔중하고 묵직한 소리. 탄착점은 전일빌딩이었다. 호텔 위 공중에서 전일빌딩 고층을 향해 쏘는 기관총 소리가 분명했다.

헬기? 어느새 접근했을까? 지상군이 지원 사격을 요청한 게 아닐까?*

계엄군의 호텔 점령

그때 전일빌딩을 보니, 계엄군 4~5명이 한 조를 이루어 내부 계단을 타고 위층으로 올라가고 있었다. 오른쪽으로는 황급히 전일빌딩을 빠져나온 서너 명이 보였다. 시위대였다. 그들은 머리를 두 손으로 감싸고 시계탑 쪽으로 뛰었다. 전일빌딩

---

* 2018년 국방부 헬기사격특별조사위원회는 이날 새벽 3여단의 요청에 따라 도청 상공에 무장 헬기가 출동한 사실을 기재한 군 문서를 공개하고, 무장 헬기의 사격을 뒷받침하는 목격담을 다수 제시했다. 그 가운데 목격자 홍성표는 11여단 특공대가 관광호텔과 전일빌딩의 점령을 목표로 시가지로 진입하는 새벽에 호텔 위쪽 하늘에서 불덩이가 전일빌딩을 탄착점으로 해 날아가는 것을 보았다고 증언하고 있다. 당시 목격자는 호텔 6층에 은신중이었기 때문에 누구보다 선명하게 그 장면을 볼 수 있었다. 헬기의 종류를 목격자가 특정하지 못한 점이 다소 아쉽지만, 전일빌딩에 무장 헬기가 사격한 까닭을 밝히는 데 중요한 증언이다(국립과학수사연구원의 전일빌딩 감정서에서는 UH-1H에 장착한 M60 사격을 유력시하고 있다).

은 이내 계엄군에게 점령당했다.

조금 뒤 전일빌딩 뒤편 YWCA 쪽에서 다연발 총성이 들렸다. 빌딩 왼편 골목으로 계엄군이 접근했다가 그곳을 지키는 시위대와 격전이 벌어진 게 분명했다.

우리가 있는 620호 객실은 전면이 유리창이고 남서쪽 모퉁이가 라운딩 처리되어 있었다. 건너편 전일빌딩 6~7층에서 보면 우리 객실이 환히 노출되는 데다 직선거리가 너무 짧았다. 그쪽에서 사격을 하면 견딜 재간이 없었다.

"장 과장, 저쪽에 계엄군이 올라갔으니 이곳을 환히 볼 수 있네. 이 방에 있다가는 눈에 띄는 즉시 사살될 걸세."

"그래, 이 방을 나가자!"

우리는 601호실로 다시 들어갔다. 문짝을 강제로 연 듯 실린더가 부서져 있고, 침대의 사이드 테이블에 라디오가 켜져 있었다. 새벽 4시쯤이었다.

여자 아나운서 목소리가 흘러나왔다.

"침투 간첩들에게 알린다. 침투 간첩들에게 알린다. 너희들은 포위되었다. 너희들은 독 안에 든 쥐다. 총을 버리고 항복하라."

"주민은 문을 닫고 밖으로 나오지 말라. 무기를 버리고 투항하면 사격하지 않는다. 무장한 자나 사격을 하는 자는 사살한다. 지금 즉시 주민은 폭도로부터 이탈하라. 계속 저항하는 자는 집중사격을 받을 것이다."

"시민들에게 알립니다. 시민 여러분, 위험하오니 문을 닫
고 절대 바깥에 나오지 마십시오. 계엄군이 작전 중입
니다."

경고가 되풀이되었다.

계엄군이 다시 들어와 시내를 장악하고 있었다. 바깥쪽에
서 인기척이 들렸다. 경비 아저씨가 방문으로 다가가 문짝에
귀를 붙인 채 한참 있더니 황급히 말했다.

"계엄군이 호텔에 다시 들어왔네. 복도 끝에서 인기척이 나
고 있어!"

이내 머리 위쪽에서 다시 구둣발 소리가 나고 중앙 계단으
로 올라오는 발소리가 쿵쿵 들렸다.

우리 셋은 머리를 맞댔다.

"호텔에 계엄군이 진주한 것 같네. 숨어 있다가 발각되면 사
살당하기 십상이야."

"맞아, 이번에는 그냥 가지 않을 거야."

"그래, 우리가 먼저 나가자."

장 과장이 문을 열고 복도를 차단한 문을 조금 열었다. 그리
고 외쳤다.

"계엄군! 계엄군!"

"누구얏?"

계단을 올라오던 발걸음이 순간 멈췄다.

"호텔 직원이오, 호텔 직원."

"뭐얏? 불 켜. 손들고 나왓."

"불을 켤 테니 쏘지 마세요. 나갑니다. 손들고 나갑니다."

장 과장은 문 옆으로 손을 내밀어 복도 불을 켰다. 중앙 계단 옆 복도 끝에 두 명이 무릎을 구부린 채 총을 겨누고 있고, 뒤에 세 명이 서서쏴 자세로 있었다.

앞서 나가려는 장 과장을 제지하고 다리를 저는 경비 아저씨를 앞장세웠다. 경비 아저씨가 절뚝거리며 문을 열고 앞장섰다. 계엄군의 경계심을 조금이라도 누그러뜨려야 했다.

"직원들입니다. 손들고 나갈 테니 쏘지 마세요."

다시 크게 소리치고 두 손을 머리에 올리며 걸어 나갔다. 저들 가운데 한 명만 방아쇠를 당기면 다른 군인들도 덩달아 당겨버릴 것 같은 공포에 오금이 저렸다. 50미터쯤 되는 복도가 너무나 길었다.

군인들 앞으로 다가서자 옆구리와 배에 총부리를 들이대며 몸수색을 시작했다.

"우리는 호텔 직원들이오. 물어보시오. 호텔 내부 사정은 무엇이든지 대답해드릴 수 있소."

군인들은 아무 대꾸도 않고 우리에게 앞장서 걸으라는 몸짓을 했다. 군인들이 뒤에서 총을 겨누고 우리 셋은 계단을 내려가 1층 로비로 갔다. 로비에는 방탄조끼를 입은 대위가 군인 서너 명과 함께 있었다. 구겨진 셔터를 반쯤 올린 호텔 입구에는 다른 계엄군들이 몸을 숙인 채 전면을 응시하고 있었다. 대위가 말했다.

"우린 이 건물을 점령하러 왔소. 손을 내리십시오."

대위의 정중한 말투에 조마조마하던 마음이 쑥 놓였다. 대위가 내처 말했다.*

"이 호텔 통로에 대해 설명해주시오."

내가 후문 비상계단을 설명했다. 그리고 커피숍 냉장고에서 음료를 가져와 우리를 처음 발견한 군인들에게 권했다. 상병 계급장을 단 군인이 입을 열었다.

"내 고향은 창평이오. 아까 6층에서 당신들이 손을 들고 나올 때 내 옆 일병이 수류탄을 투척할지 모르니 쏴버리자고 한 것을 내가 제지했소. 광주로 출동할 때부터 지급받은 실탄을 한 발도 쏘지 말아야겠다고 생각했다오."

그 말을 들으니 모골이 송연했다. 군복의 이름표를 보니 강 씨였다. 나는 강 상병에게 마음에서 우러나오는 감사를 표했다.

"고맙습니다. 감사합니다. 호텔 안에 다른 직원들이 있으니

---

* 27일 광주관광호텔 점령은 11여단 4중대장 최 아무개 대위가 인솔한 특공대(장교 3명, 대원 33명)가 수행했다. 군 보고서에 따르면 이때 광주관광호텔에서는 별다른 저항이나 사상자가 없었다. 금남로에서 전일빌딩의 시위대에게 사격을 받은 것은 최 대위의 부대로 보인다. 최 대위는 새벽 4시에 관광호텔을 점령한 뒤 1개 지대를 잔류시킨 뒤, 남은 병력을 이끌고 전일빌딩을 점령했다. 이어 최 대위 휘하의 2개 지대는 새벽 6시 20분에 3명을 사살하고 YWCA까지 점령했다. 11여단 특공대가 점령한 이들 3곳은 모두 20사단 61연대에 인계되었다.

찾아서 데려와도 될까요?"

"그러세요."

열쇠를 가지고 올라간 장 과장이 3층 객실부터 한 방 한 방 점검했다. 315호에 들어가니 침대 밑에 다리가 삐죽 나와 있는 게 보였다.

"꼼짝 마라. 손 들고 나왓!"

내가 소리치니, 다리의 주인이 더듬거리며 대답했다.

"지, 지, 직원이오. 살려주쇼."

하우스키퍼 김용호가 나오고, 이어서 윤종환이 침대 밑에서 나왔다. 우리를 알아보고 표정이 일변했다. 옆에 있는 장 과장이 킥킥거렸다.

그런데 서무과장 박일주가 보이지 않았다. 윤 과장이 자기가 찾아보겠다며 다른 방으로 갔다. 박 과장은 3층 영선실 창고에 있는 큰 드럼통 속으로 들어가 뚜껑을 덮고 숨었다가 희색이 되어 나왔다. 정말 머리카락 한 올 보이지 않는 기막힌 피신처였다!

날이 밝으면서 군인들의 무전기가 분주해졌다. 수시로 상황 보고가 이어지고, 명령이 하달되었다. 광주관광호텔, 전일빌딩, 전남도청 등의 점령 작전*이 성공했으므로 모두 광장으

* 군 문서에 따르면 이들의 작전 목표는 광주관광호텔, 전일빌딩, 도청 순으로 점령하는 것이었다. 시위대의 거점 가운데 제일 늦게 점령된 곳은 저항이 완강했던 YWCA였으며, 이곳에서 박용준과 예비군 인솔자 및 성명 미상자 등 3명이 사망했다. 도청에서는 27일 당일

로 모이라는 명령이었다.

〈KBS〉 방송은 공무원들에게 신분증을 패용하고 직장에 복귀하라는 공지를 계속 쏟아냈다.

온몸에 힘이 빠지고 피로가 몰려왔다. 장교에게 물었다.

"집이 장동로터리 쪽인데 도청 앞을 지나가도 되겠습니까?"

"상황이 종료된 것 같습니다. 주민증을 지참하고 가시면 아무 일 없을 겁니다."

남아 있는 직원과 장 과장에게 집에 들어가 쉬고 오겠다고 말하고 거리로 나섰다. 그때가 예닐곱 시쯤이었다.

상무관 앞에 운구 트럭들이 대기했다. 시청 쓰레기 운반차였다. 안에 있는 관을 실어 나르려는 사람들이 몇 명 드나들었다. 방송을 들은 듯 신분증을 가슴에 단 도청 공무원들이 종종걸음으로 출근하고 있었다. 남도예술회관 골목길과 노동청 앞길에도 출근자들이 연이어 보였다. 도청 정문 바깥 양쪽에 탱크가 있고, 담 안팎으로 군인들이 떼 지어 있는 게 보였다. 집에 도착하자마자 쓰러지듯 잠에 빠졌다.

정오가 지나 호텔에 나갔더니 담양에 사는 교환양(交換孃)이 출근했다. 교환양은 아버지 자전거를 타고 호텔로 왔다. 50대

새벽 16명의 시위대가 사살되었으나, 도청 점령 과정에서 사망한 군인은 없었다. 1980년 5월 광주에서 죽은 군인 23명 가운데 12명이 5월 24일 군인들끼리의 오인 사격으로 죽었으며, 27일 진압 작전 때 2명이 죽었다.

중반의 부친은 딸을 내려놓으면서 "제일 먼저 전화 소통이 필요할 듯 싶어" 서둘러 왔노라고 말했다.

28일 _ 쓰레기차가 실어 나른 것

전 직원이 출근해 부서별로 청소와 영업 준비를 했다. 칵테일 라운지의 여직원이 울먹이며 이틀간 휴가를 달라고 청했다. 무슨 일이냐고 물으니, 군에 있는 동생이 광주에 투입되었다가 다리를 다쳐 병원에 입원했단다. 여직원의 집은 부산이었고, 동생은 공수부대원이었다. 송주형 사장에게 보고하니, 간부회의를 열어 지시했다.

"이번에 우리 호텔이 입은 시설 손실을 조사하라. 관에 보고할 수 있도록 준비하라. 집이 외지인 직원에 대해서는 다녀올 수 있도록 부서장 재량으로 1박 2일 내지 2박 3일간 휴가를 주라."

그 여직원은 경상도 출신 군인들에 대한 의혹과 반감이 커서 동생 이야기를 마음놓고 할 수 없어 애를 태우던 차였다. 다른 직원들도 부모 형제를 만나 안부를 전할 수 있도록 교대로 휴가를 보냈다. 그런데 서울이 집인 여직원은 화가 잔뜩 나서 돌아왔다. 서울에서는 광주에서 보고 들은 것을 믿지 않고 간첩과 불순분자의 농간에 놀아났다는 헛소리만 하고 있더란다.

그동안 황금동 숙소에 체류하던 외국인들도 호텔로 다시

27일 도청이 진압된 뒤 상무관에서 쓰레기차로 옮겨지는 시신들.

복귀했다. 호텔 영업이 재개되었지만, 각 영업장은 개점휴업 상태였다.

　퇴근하는 길이라며 이일홍 기자가 칵테일 라운지에 들렀다. 여직원이 반가움에 뛰어가 부둥켜안고 무사하셨느냐고 물었다.

　"그랴, 무사했으니까 멀쩡하게 돌아왔지!"

　이 기자는 그러면서 얼굴을 찡그렸다.

　"하, 이런 못된 놈들이 있을까. 오늘 아침에 도청 안의 시신들을 몽땅 쓸어다가 시청 청소차에 실어 망월동에 묻어버렸다네. 어이가 없어서 말이 안 나올 지경이네."

　점령군은 사망자에 대한 마지막 예우로 분향이나 장례 의

식도 없이 냄새나는 쓰레기를 운반하던 차로 희생자를 운구하고 있었다. 이 기자는 인간에 대한 예의가 엉망인 것을 보면서도 막지 못한 무력감, 망자에 대한 미안함과 부끄러움을 털어놓았다.

호텔의 손실액

도청이 진압된 뒤 광주시에서는 민간 재산 피해액을 집계했다. 시는 우리 호텔에도 재산 피해를 신고하라고 연락해왔다. 객실이나 오락장 등 영업을 못해서 입은 피해는 산정하지 않았다. 우리 호텔이 입은 물리적 피해는 정문 셔터 파손, 객실의 문짝 및 유리창 파손 등 약 350만 원 정도였다.

한편 내가 소지한 카빈총 1정을 광주경찰서에 반납했다. 내가 반납하려고 했더니 문제가 생길지 모른다며 송주형 사장이 직접 아는 경찰에게 가져갔다. 당시 무기 회수는 경찰은 물론이고 전 공무원 조직을 통해 독려되었으며, 시간이 흐를수록 포상금이 높아졌다. 마지막 소총 한 정까지 악착같이 회수하겠다는 정권의 의도였다.

송 사장은 나이트클럽에서 열린 월례 직원회의에서 호텔을 지키는 데 공헌했다며 나를 격려했다.

7

전두환의 광주 방문

10·26 사건

1979년 10월 26일, 박정희 대통령이 갑자기 죽었다. 그 얼마 뒤 통일주체국민회의 대의원인 외삼촌이 호텔로 왔다. 외삼촌은 광주에 오면 나를 잊지 않고 찾았다. 어릴 땐 무뚝뚝한 외삼촌이 어려웠으나, 장성한 뒤에는 내가 객지에서 부딪치는 문제는 무엇이든 서슴없이 해결해주어 의지가 되었다.

1980년 초 '서울의 봄'이 왔다고 대학가가 들썩일 때 외삼촌이 호텔로 다시 찾아왔다. 외삼촌은 여느 때처럼 객실에서 샤워를 하지도 않았다. 커피숍으로 나를 불러 조용히 입을 열었다.

"암울한 시대가 가고 봄이 온 듯싶구나."

나는 공손히 두 손을 모으고 경청했다.

외삼촌은 당신이 지지하고 받들던 박정희 시대가 끝나고 불확실성 속에 정국이 흔들리는 것을 응시하고 있었다. 외삼촌은 신문을 한 손에 말아 들고 호텔 문을 나섰다.

"항상 근면하고 순리대로 살아라."

나는 멀어지는 삼촌의 뒷모습을 오래도록 지켜보았다.

통일주체국민회의. 이것을 만든 사람은 죽었지만, 통일주체국민회의는 곧장 사라지지 않았다. 유신 체제의 계승자 전두환은 이것을 다시 한 번 이용할 기회를 노리고 있었다.

연초제조창 안보보고회

1980년 7월, 도청이 진압되고 두 달 뒤였다. 광주의 분위기만큼이나 체감 경기도 가라앉았다. 호텔 또한 단체 관광객이 없어서 객실 판매율이 떨어지고, 부대시설 영업 매출도 눈에 띄게 줄었다.

그러던 차에 도청 내무국으로부터 출장 행사 요청이 들어왔다. 즉시 호텔 간부회의가 소집되었다. 행사 내용을 설명하기 위해 도청 서무과의 행사 담당자가 와서 호텔 간부회의에 배석했다. 행사 이름은 중앙정보부가 주관하는 '안보보고회'였다. 전라남북도 주요 인사 1천여 명이 참석한다고 했다. 메뉴는 수입 양주 칵테일이 곁들여지는 최고급 스탠딩 뷔페. 장소는 광주시 북구 양산동 연초제조창 체육관. 주위가 한적하고 안전하다는 도청 담당자의 설명이 이어졌다.

호텔에서는 이번에도 각 부서에서 차출한 인원으로 전담팀을 꾸렸다. 연초제조창 시설과와 전남도청이 협조를 잘해주어 행사를 수월하게 준비할 수 있었다. 행사장은 천장이 높고 넓은 실내 체육관이라 피아노 연주보다는 전자 오르간 연주가 어울린다고 해서 광주선율음악학원 이성대 원장을 초빙해 경쾌한 음악 연주를 부탁했다.

대형 관광버스에서 내린 참석자들이 입장하면서 연회가 시작되었다. 힘있는 기관에서 주관하는 행사라 예산이 풍부했다. 호텔의 한·중·양식 조리사들이 만든 산해진미가 테이블마다 가득했다.

사회자가 손짓하자 연주가 문득 중단되었다. 식순에 따라 연사가 등단했다. 이 행사의 목적을 압축하는 언사가 속사포처럼 쏟아졌다. 그것은 무성영화 시대 변사의 언설 같기도 하고, 웅변대회의 닳아빠진 연설 같기도 했다. 내가 기억하는 내용은 대강 이랬다.

지난겨울, 우리 대한민국은
박정희 대통령의 서거로 인해
풍전등화의 위기에 처했습니다.
북괴 김일성이 호시탐탐 남침을 노리는데
몰지각한 학생들은 날만 새면 데모를 일삼았고,
대통령병에 걸린 야당 지도자들은
끝없이 혼란을 부추겼습니다.

무능하고 부패한 정치인들은
국가의 안위는 안중에 없고
오직 정권욕에만 눈이 멀었습니다.
순진한 국민들은 어찌할 바를 모르고
걱정만 할 뿐이었습니다.

뜻있는 사람들은
강단 있는 지도자의 출현을
오매불망 학수고대했습니다.
우리에겐 만연한 혼란을 일거에 쓸어버릴
영명하신 지도자가 필요합니다.
누란의 위기, 대한민국을 구하기 위해
일신의 영화를 버리고
과감히 국가를 위해 헌신할
영도자가 필요합니다.

여러분, 그동안 우리는
목이 빠져라 고대했습니다.
이 중차대한 시기,
지난밤 어둠을 몰아내는 일출 같은
동해에 떠오르는 찬란한 태양 같은
영웅을 눈이 빠져라 기다렸습니다.
우리 여망에 부응하여 드디어, 드디어

그분이 나타나셨습니다.
우리 곁에 함께하시겠다고 오셨습니다.

그분이 누구냐?
국가보위비상대책위원회 상임위원장,
전두환 장군님이올시다.
그분만이 우리가 당면한 위기를
타개하실 수 있습니다.
오직 그분만이
우리 조국 대한민국을
구하실 유일한 분이십니다.
우리 모두 전두환 장군님을
우리의 지도자로 모십시다.
여러분, 박수로 화답해 주세요.

　박수가 터졌다. 그러나 장내가 떠나갈 듯한 우레 같은 갈채
는 결코 아니었다. 연사 옆에 있던 찬조 부대가 청중의 박수가
잦아질 때까지 호각을 불고 발을 구르며 분위기를 띄웠지만,
박수 소리는 길게 이어지지 않았다. 안보보고회는 군부 실력
자를 대통령으로 옹립하려는 여론 몰이 공작이었다.
　행사가 끝난 뒤 원탁마다 진귀한 재료로 만든 음식들이 많이
남았다. 호텔로 가져가도 잔반통에 버려질 음식들이었다. 행
사 준비를 위해 애쓴 도청 여직원들과 근무 중이던 연초제조

창 직원들을 불러 테이블에 놓인 음식을 들도록 했다.

국보위 상임위원장 전두환은 그로부터 한 달 뒤 8월 27일, 유신헌법이 만들어놓은 통일주체국민회의 대의원들에 의해 체육관에서 대한민국 제11대 대통령으로 선출되었다. 임기가 창창한 최규하 대통령은 중도 하야했다. 전두환은 나 홀로 입후보해 투표자 2,525명 가운데 찬성 2,524표를 얻었다. 무효표 1표, 반대표는 단 1표도 없었다. 실제 경쟁을 할 만한 모든 인물들은 정치 활동 금지로 입과 발이 묶여 있었다. 김영삼은 가택연금 중이었고, 김대중은 내란 수괴로 몰려 목숨이 경각에 달린 상태였다.

광주에 온 전두환

1981년 6월, 나는 광주관광호텔을 사직하고 신양개발주식회사(대표 정덕력)로 옮겼다. 이 회사는 광주시 동구 지산동, 조망 좋은 무등산 자락에 신양파크호텔을 짓고 있었다. 나는 금남로에 있는 가톨릭센터(현 5·18민주화운동기록관) 5층 본사로 출근하면서 호텔 개관을 위한 준비로 소요 집기 비품의 주문 및 종사원 모집 등을 맡고 있었다.

정덕력 사장은 성실하고 튼튼하게 건물을 짓는 양심적 건축업자라는 평판을 얻고 있었다. 그는 교통부로부터 호텔 사업 계획 승인을 따낸 뒤 관광진흥자금을 저리로 대출받아 공사에 착수했다. 호텔 건축은 처음이었지만 '숲속의 궁전'을 짓는다는 슬로건 아래 야심차게 공사를 진행해 그해 12월 22일 개관했다. 당시 광주권 건설 경기는 극심한 불황이라 건축 자재와 기술 인력이 남아돌아 착공 10개월 만에 지하 3층, 지상 6층, 별동(연건평 4,500평)을 속전속결로 준공할 수 있었다. 호텔 종사원은 전국에서 응모한 1,500여 명 중 400명을 면접 심사해 180명을 채용했다. 동명동 청운학원 강당을 빌려 오리엔테이션과 실무 교육을 한 뒤 영업장별로 배치해 예행 실습을 완료했다.

신양파크호텔은 각국 요리를 선보이는 다양한 식당, 커피숍, 연회장, 별관 골프 연습장, 유흥장 등의 1,200여 평에 달하는 부대시설을 갖춘 광주·전남 지역 최고급 호텔이었다. 도심에 있는 관광호텔과 달리 널찍한 부지에 주차장을 완비했고, 고객용 승강기 2대와 종사원용 승강기 1대를 따로 두어 고객 동선와 종사원 동선을 분리했다.

당시 호남 지역 호텔 중 무궁화 5개의 특2급(현 4성급) 호텔은 전주의 코아호텔과 더불어 신양파크호텔뿐이었다. 객실은 93실이었는데, 그 가운데 5층 VIP실은 광주시 야경을 한눈에 굽어볼 수 있는 최고의 위치에 자리잡고 있었다. 게다가 최고급 자재로 인테리어를 해서 대통령의 투숙이 가능했다.

1982년 2월 말, 대통령의 초도순시가 있다는 소식이 들려왔다. 경호 선발대는 도청을 통해 광주관광호텔에 출장 오찬 준비를 의뢰했다. 오찬 장소는 도청 회의실이었다. 그런데 숙소는 광주관광호텔과 신양파크호텔, 두 군데 모두 아니라고 했다. 그렇다면 전두환의 숙소는 어디일까? 전례에 비추면 당일로 상경할 리가 없었다. 광주관광호텔의 옛 동료들에게 물어봐도 보안 사항인지 도무지 알 길이 없었다.

두 호텔이 부적합 판정을 받은 까닭은 경호 때문이었다. 광주관광호텔은 도심 한가운데 있어서 기습 시위에 포위될 우려가 있고, 신양파크호텔은 호텔 앞 장원봉이 수류탄 투척 거리라서 경호에 난점이 있었다.

지난해 광주항쟁 1주기인 1981년, 유족과 활동가 청년들은 경찰의 혹독한 감시 아래 놓여 있었다. 경찰은 5·18묘역에서 참배 행사가 열리지 못하도록 유족들을 사전에 멀찌감치 시골로 격리시켜 놓았다. 그럼에도 불구하고 망월 묘지와 금남로에서는 자욱한 최루탄 연기 속에서 추모 집회가 강행되었다.

이듬해 1982년 5·18의 생채기가 전혀 아물지 않은 때, 지방 순시라는 명목으로 전두환이 광주에 온다는 소문이 돌았다. 과연 아무 탈 없이 머물다 갈 수 있을지가 지역 최대의 관심사로 떠올랐다.

전두환이 오는 날, 차량 통행을 일시 차단한 금남로 연도에는 환영 인파 사이로 사복 경찰들이 촘촘히 배치되었다. 전직 대통령에 비해 눈으로 드러난 경호 인력은 줄었지만, 보이지 않는 부분에서는 더 치밀한 경호가 이루어졌다. 청와대 경호실에서 파악한 요주의 인물들을 전두환 방문 며칠 전에 광주에서 시 외곽으로 격리했다는 소식이 들렸다.

이윽고 검정 리무진 행렬이 오토바이의 선도를 받으며 금남로 북쪽 끝 유동로터리에 나타났다. 행렬이 도청 가까이에 이르러 서행했다. 검정 리무진의 창문 유리가 스르륵 아래로 내려갔다. 그와 동시에 환영 인파에 답례하며 흔드는 손이 밖으로 나왔다. 그때 연도에 서 있던 한 여성이 그 손을 잡으려는 듯 전용차 쪽으로 총알처럼 뛰쳐나갔다. 한복을 입은 다른 여인도 뒤따랐다. 경찰과 경호원이 즉시 달려들었다. 경찰이 붙잡은 여인의 손에는 구호가 적힌 손수건이 들려 있었다.

'우리 남편을 죽이지 마시오.'

'구속자를 석방하라.'

소복처럼 흰 한복을 입고 돌진한 여인들은 5·18로 인해 사형 및 무기를 받고 수감된 사람들의 아내와 가족이었다. 이들은 손수건에다 쓴 호소문을 전두환에게 전달할 목적으로 연도 인파에 섞여 있다가 행동에 나선 것이다.

VIP 차량은 급가속해 도청으로 들어갔다. 경찰들은 구호를 외친 구속자 가족을 모조리 연행했다. 경찰 수뇌는 돌발 행동을 저지하지 못한 문책이 돌아올까 무서워 구속자 가족들을 살점이 찢기고 피멍이 들도록 구타했다.

오전에 한바탕 소동이 있은 뒤라 도청 회의실 오찬장에는 긴장이 감돌았다. 행사 시작 전, 경호원이 호텔 프런트로 찾아와 웨이터 제복 2벌을 빌려갔다. 오찬이 진행되는 동안 경호원 2명은 웨이터 복장을 하고 VIP 뒤편에 서서 밀착 경호했다.

오찬에 초대된 백여 명의 지역 유지들은 고양이 앞에 쥐라도 된 양 나서서 입을 열지 않았다. 묵묵히 수저질만 하니 분위기가 가라앉을 수밖에 없었다. 침묵이 길어졌다. 누군가 손을 번쩍 들더니 "각하, 드릴 말씀이 있습니다"라며 말을 꺼냈다. 좌중의 시선이 일제히 발언자 쪽으로 쏠렸다. 광주 제일교회 한완석 목사였다.

"각하, 이제 대통령이 되셨으니 많은 사람을 살리시는 일은 서슴없이 결재하시고, 한 사람이라도 죽이는 일에는 절대 결재하지 마십시오."

당시 5·18은 민주화운동이 아니라 김대중의 내란 음모로

전두환의 광주 방문 때 민박을 기념해 세운 비. 지금은 망월동 제2묘역의 입구에 묻혀 있다.

낙인찍힌 상태였다. 따라서 이 말이 무슨 뜻인지 아는 사람들
은 발언자의 용기에 내심 찬탄했다.

대통령의 얼굴이 일그러졌다.

"사람을 죽이고 살리는 일은 대통령이 하는 게 아니오. 검사
와 판사가 합니다."

오찬을 마친 대통령은 숙박처로 떠났다. 그때까지 숙박처
는 어디인지 함구되었다가 이튿날 상경한 뒤에야 알려졌다.
담양군 고서면 성산마을, 보안사 시절 부하의 집이었다.

얼마 뒤 그 마을에 '전두환 대통령 각하 내외분 민박 마을'
이라는 기념비가 세워졌다. 이 비석은 전두환이 물러난 뒤인
1989년 1월, 망월동으로 옮겨져 방문자들이 영령들을 참배할
때마다 밟고 지나도록 묘역 입구 땅속에 파묻혔다.

그해 대통령의 광주 숙소 문제가 청와대의 지시로 논의되
었다고 전해졌다. 그 결과 1982년이 저물기 전, 광주시 서
구 농성동 옛 농촌진흥원 부지에 전남도지사 공관이 건립되
었다. 겉으로는 도지사 관사였지만 호화 자재로 짓고 각지
에서 내려온 고급 정원수를 식재한 전라남도의 청와대였다.
5~6공화국 시절, 지방 순시 때 내려오는 대통령들은 이곳에
서 묵었다. 그러다 도청이 무안 남악으로 옮겨간 2008년부터
도지사 관사는 광주시립미술관 부속 하정웅미술관으로 바뀌
어 시민에게 공개되었다.

8

망월동 이팝나무

이팝나무의 오월 노래

해마다 5월이면 이팝나무 가지마다 순백의 탐스러운 꽃이 핀다. 이팝나무 꽃은 푸른 잎을 배경으로 흰 눈이 소복이 내려앉은 느낌이다. 옛날 보릿고개가 있던 시절, 허기에 주린 백성들은 이 꽃을 보고 흰 쌀밥을 떠올렸다. 공기에 고봉으로 가득 담은 쌀밥에다 고깃국을 배불리 먹는 것이 백성들의 소망이었다.

전란이 닥치거나 염병이 돌면 초근목피가 연명의 수단이었다. 백성들의 피부는 윤기를 잃고 부황이 들었다. 이런 때 관에서는 관아 입구 홍살문 앞마당에 가마솥을 걸치고 죽을 끓여 나누어주었다. 면역을 길러주는 소금도 나누었다.

이팝, 이밥, 쌀밥은 내나 같은 말이다. 나는 이팝이 왕가 종

망월 묘역 입구 민주로에 활짝 핀 이팝나무. 도로 중앙선 끝 저 멀리 무등산이 있다.

친이나 먹는다는 이(李)밥에서 유래했다는 속설을 믿지 않는다. 조팝(좁쌀밥)나무의 조밥은 조씨만 먹는 것일 리 없다. 그러나 옛적 쌀밥이 날마다 가난한 민중의 눈에 아른거리는 소망이었다는 사실은 의심할 바 없다.

1980년 그해 오월, 광주는 꼬박 6일간 외부와 철저히 격리되었다. 외곽에서는 중무장한 병력이 바리케이드를 치고 왕래를 차단했다. 식량과 생필품이 끊기고 시외전화가 끊겼으며, 봉쇄선을 넘으려는 이들은 사살되었다. 서울의 신문과 방송에서는 광주가 양아치, 깡패, 폭도의 무법천지라는 흑색선전을 뿌려댔다. 식량이 끊겨 굶는다는 소식을 들은 시골 형님은 동생들이 걱정되어 자전거에 쌀을 실어 왔고, 전주의 한광

수 사장은 긴급 구호 식량을 보내겠다며 편지를 보내왔다. 봉
쇄 기간이 길어졌다면, 굶는 사람들이 속출했을 것이다.

 그러나 일주일에 걸친 계엄군의 철통 봉쇄 작전에도 불구하
고 굶어 죽은 시민들은 없었다. 양동시장 아주머니들은 가마
솥에 쌀을 쪄서 만든 주먹밥을 함지박에 가득 담아 도청 앞 광
장으로 보냈다. 광주관광호텔 옆 골목 슈퍼의 주인아주머니
는 배곯는 사람이 없게 물건을 거저 나누어주려고 문을 열었
다. 많은 여성들이 취사 봉사를 하겠다고 도청 민원실로 들어
가 위험을 무릅쓰고 기거했다. 시위대 차량이 지나면 연도에
아주머니들이 기다리고 있다가 음료와 김밥을 올려주었다.

 봉쇄 기간 중에 이런 불가사이한 일들이 광주에서 일어났
다. 시민들의 성원과 협력이 없었다면 항쟁은 원천적 힘을 잃
었을 것이다.

 오월, 망월동으로 가는 길가에 이팝나무 꽃이 만발했다. 광
주-담양 간 도로를 타고 국립 5·18묘지 안내 표지판이 나오
는 신호대에서 좌회전 신호를 받아 굴다리를 지난다. 묘역 입
구에 이르기 전, 길 좌우에 이팝나무들이 백설을 머리에 인 듯
흰 꽃을 피우고 있다. 이 나무들은 5·18기념공원에 심은 메타
세콰이어와 함께 전 국민의 성원으로 이루어진 헌수(獻樹) 운
동의 결과다. 헌수 운동은 광주 지역을 중심으로 일어났으나
전 국민이 호응했고, 해외 동포들도 대열을 지어 참여했다.

 사람들은 이팝나무 꽃에만 눈길이 쏠려 있다. 줄기는 자세
히 보지 않는다. 줄기의 표피를 보면 마치 허물을 벗듯이 부르

트고 갈라져 있다. 심한 것은 종이처럼 수피가 얇게 일어나 마치 병충해를 입은 것 같다. 그 모습은 고통을 딛고 화사한 꽃망울을 터뜨리는 백절불굴의 투사를 연상케 한다.

묘역의 근접 거리에 왜 이팝나무를 심었는지 알 길은 없다. 내게 이팝나무는 항쟁의 뒷받침이 되었던 주먹밥, 대동정신을 나누었던 김밥과 결합되어 오월의 아이콘으로 머리에 각인되어 있다. 검은 김에 싸인 흰 밥풀떼기 하나하나가 농민의 노고였다. 낟알 한 알 한 알이 투쟁의 원기소였고, 나누고 함께 사는 우주였다. 그런 의미에서 내게 이팝 꽃은 민주화(民主花)이자 오월화이다.

그해 5월 도청에서 보았던 어린 여학생의 고요히 잠든 모습, 눈부시게 하얀 교복 칼라가 백설 같은 이팝나무꽃에 겹쳐 떠오른다. 유난히도 고교생들의 희생이 많았다. 교련복을 입고 사살된 앳된 그들은 시신으로 누워, 27일 그날, 해가 중천에 떠도 일어날 줄 몰랐다. 그들의 감긴 눈망울은 다시 반짝일 줄 몰랐다. 그들을 기다리고 있는 것은 텅 빈 쓰레기차였다.

그 뒤 5·18묘역은 5월이면 최루가스로 뒤덮였다. 비포장 좁은 길을 경찰이 겹겹이 차단했지만, 전국에서 몰려온 추모 행렬을 막을 수는 없었다. 검은 리본을 가슴에 단 추모객들은 국화꽃 대신 구호가 적힌 팻말을 펼쳤다가 마구잡이로 연행되었다. 충장로와 금남로는 밤늦게까지 이어지는 항의 시위로 지독한 최루가스에 뒤덮였다.

당국은 무덤을 한 곳에 둔 게 화근이라 생각하고 시신을 뿔

뿔이 흐트러뜨리는 공작을 폈다. 망월 묘역에 모이는 것조차 불온시하며 유족을 격리하고 추도 의식을 원천봉쇄했다. 가신님을 기리는 추모조차 마음대로 할 수 없는 세월이었다.

망월 묘역 가는 길이 확장되고 추모객들이 제대로 된 의식을 치를 수 있게 된 것은 문민정부가 들어서고 난 뒤였다. 누구의 아이디어인지 모르나 묘역 가로수로 이팝나무가 뽑혔다. 흰 꽃, 그것은 국화, 소복한 여인을 연상시킨다.

이팝나무의 오월 노래
A Song of Snowy Flowers in blossom

가지는 하늘로 솟아
흰 꽃망울 터뜨렸다
송이송이 흰 눈송이
피어 흐드러졌다

한재(大峙) 새재(鳥嶺) 높다 한들
보릿고개보다 더 험하리오
ㅡ백성에게는 밥이 하늘이었다
ㅡ이밥에 고기국이 천국이었다

오월, 이팝 꽃 가지에 바람이 분다
흔들리는 꽃망울에 피어나는

눈부시게 흰 교복, 너의 얼굴

이팝 꽃 가지에 백설이 내리고
고요히 감긴 눈, 다시 뜰 줄 모르는데
매인 데 없이 달리는 바람이 분다

너의 눈망울, 다시 반짝일 줄 모르는데
나의 마음 깊은 곳에, 누이 눈망울
별빛처럼 초롱초롱 되살아난다

나의 5·18

1986년에 나는 총지배인이 되었다. 새로 문을 연 관광숙박업 2급 관광호텔에서였다. 직급이 높아지는 만큼 비리의 유혹이 따랐다. 그러나 영리를 좇지 않고 원칙을 중시하며 살았다. 분수에 넘치는 일을 삼가고, 근면과 순리를 소중한 가치로 여기며 살았다.

이제 관광사업법 개정으로 특혜도 소멸되었고, 관광업 종사자의 의무 채용 법규도 완화되었다. 그와 함께 지방 호텔들의 인척 경영이 대수롭지 않는 세태가 되었다. 그런 만큼 서비스의 품격도 하락했다.

2020년 인생 황혼에서 지난날을 돌아본다. 한국전쟁 직후의 피폐한 시절, 초등학교는 콩나물 교실에서 2부제 수업을 실시했다. 부모님의 자식 교육열은 대단했다. 그러나 가난한 촌부들로서는 자식들이 알아서 크고, 알아서 밥줄을 찾아가는 각자도생 방목(放牧) 외에 달리 도리가 없었다. 관광업계에 뛰어든 뒤 주경야독의 자세를 버리지 않았다. 업계에서 인정받고 싶어 정진했고, 33세에 총지배인이 되었다.

앞으로 남은 삶은 외지인들에게 광주·전남의 역사와 문화를 소개하는 봉사자로서 살아갈 예정이다. 그래서 2016년에는 〈관광신문〉 기자, 2019년에는 해설사로 입문했다. 공부에 더욱 정진해 사람들에게 깊이 있는 해설, 뼈가 들어 있는 이야기를 들려주고 싶다.

이 책을 내면서 1980년 5월이 내 인생의 중심에 있다는 것을 실감했다. 내 또래의 광주 사람 치고 그렇지 않은 사람이 어디 있겠는가마는, 그때 그 기억을 묻어두고 살아왔다. 다행히 이번에 내 기억이 공간되는 기회를 가지게 되었다. 이 책을 계기로 5·18의 진실을 밝히는 의미 있는 증언들이 더욱 풍성하게 나오기를 바랄 따름이다.

그동안 알려지지 않았던 공간과
높이에서 본 5·18

김정한

서강대 트랜스내셔널인문학연구소 HK연구교수

"거기에서, 수협도지부 옥상에 있는 총으로 추측이 되는
데, 거기에서 조준 사격을 한 총탄에 남편이 사고를 당하
신 것으로 알고 있지요? 그러면 남편이 총에 맞아 쓰러지
면서 아들 이름을 부르는 소리를 다른 사람이 들었다는
데 증인은 듣지 못했어요?"
"예, 그때 당시에 관광호텔에 근무하고 계시는 분이 그것
을 목격하셨어요."
―〈5·18광주민주화운동의 진상규명을 위한 청문회 회의록〉
(1989년 2월 22일).

31년 전 청문회에 가지 못한 홍성표는 마음의 빚이 남았
다. 1987년 6월 항쟁 이후 민주화가 진전되고 1988년 여소

야대 국회가 구성되어 5·18학살과 5공화국의 부정부패를 심의하는 청문회가 열렸다. 하지만 세상이 바뀌었다고는 해도 5·18의 학살자들 가운데 한 명인 노태우가 대통령을 하고 있었다. 1989년 노태우정부는 공안정국을 조성하여 민주화에 대한 대대적인 반격을 시작했다. 5·18 당시에 관광호텔에 근무하고 있던 그는 혹시 가족이 해를 입을까 염려되어 증언하지 못했다. 2016~2017년 촛불항쟁은 사익을 위해 국정을 농단한 대통령을 탄핵하고 다시 민주정부를 수립했다. 인생의 황혼기에 접어든 그는 지금이 마지막 기회일지 모른다고 생각했다. 자신이 보고 듣고 기억하는 5·18의 모든 것을 이 책에 담았다.

광주관광호텔은 8층 건물로 도청 앞 광장과 금남로를 한눈에 볼 수 있었다. 맞은편 오른 측면에는 전일빌딩이 있었다. 5·18이 일어나자 관광호텔은 자체 폐점했지만 영업과장이던 홍성표는 그곳에 남아서 5·18의 열흘을 목격할 수 있었다. 광주에서 관광호텔은 10층 건물인 전일빌딩 다음으로 높았다. 위에서 아래를 보면 아래에서 볼 수 없는 것을 볼 수 있었다. 또한 그는 시위에 적극적으로 참여하지는 않았기 때문에 시위 군중 속에서 볼 수 없는 것을 볼 수 있었다. 이 책은 지난 40년 동안의 모든 증언들과 다르게, 그동안 알려지지 않았던 공간과 높이에서 본 5·18을 보여준다.

무엇보다 5월 21일 1시 집단 발포 상황과 저격수들의 조준 사격, 5월 27일 새벽 전일빌딩을 향한 헬기 사격은 오직 그만

이 볼 수 있는 장면이었다. 당시 금남로 주변 옥상에서 저격수
들이 조준 사격을 했다는 자료는 존재한다. 그러나 저격수들
이 사격하는 모습을 직접 목격한 사람은 없었다. 공수부대가
발포하는 급박한 상황에서 아래에서 위를 보기는 쉽지 않고,
본다 해도 옥상 사정까지 알 수는 없기 때문이다.

벽에 기대어 앉아 앞을 보니 건너편 수협 옥상에 군인
2명이 보였다. 옥상 환기구 주위에 총을 걸치고 우체국
쪽을 향해 사격하는 사수도 보였다.(125쪽)

더구나 그는 저격수의 총에 가슴을 맞은 피해자가 피를 흘
리며 운명하는 순간을 함께했다. 국방부과거사진상규명위원
회의 《조사결과보고서》(2007)에는 도청 주변 건물에 저격병
을 배치했다는 현지 지휘관의 진술과 관광호텔 옥상에서 조
준 사격을 했다는 사병의 진술이 실려 있지만, 당시 관광호텔
옥상에는 저격수가 없었다는 것도 그의 증언으로 확인할 수
있다.
　5월 27일 새벽 공수부대가 무력 진압할 때 그는 대통령이
광주를 방문할 때 숙박하는, 전망이 가장 좋은 6층 VIP실에 숨
어 있었다.

호텔 건너편 전일빌딩 쪽을 보니, 광주우체국 방향에서
전일빌딩 위를 향해 섬광이 연속해서 날아가는 것이 보

였다. 공중에서 날아가는 탄환이었다. 굉음이 들려왔다.

"두두두두두두."

기관총 소리였다. 카빈총이나 M16과는 명백히 다른 둔중하고 묵직한 소리, 탄착점은 전일빌딩이었다. 호텔 위 공중에서 전일빌딩 고층을 향해 쏘는 기관총 소리가 분명했다.(155~156쪽)

6층보다 더 높은 곳에서 날아가는 탄환의 섬광은 헬기 사격이 아니면 설명되지 않는다. 그의 증언은 5·18특별조사위원회 《조사결과보고서》(2018)에 중요하게 수록되었다. 5월 21일의 헬기 사격을 목격한 사람은 여럿이지만, 5월 27일 전일빌딩을 향한 헬기 사격의 목격자는 그가 유일하다.

홍성표는 열흘 동안의 5·18을 놀라울 정도로 세세하게 기억하고 있었다. 청문회에서 증언하지는 못했지만, 아마 자신이 보고 들은 것을 잊지 않기 위해 지난 40년 동안 수백 번 되새겼기 때문일지 모른다. 5·18에 대한 존중과 부채감을 그는 소상한 기억으로 간직하고 있었다. 그의 기억에는 공식 기록에서 읽을 수 없는, 때로는 위급하고 때로는 따뜻한 상황들이 생생하게 펼쳐져 있다. 처음 광주항쟁에 입문하는 이들도 쉽게 이해하고 공감할 수 있을 것이다. 그의 기억을 안길정이 담백한 문체로 풀어냈다. 1980년 5월 27일 새벽, 한 사람은 관광호텔에 있었고 한 사람은 도청에 있었다. 생사의 갈림길에서 살아남은 두 사람의 인연이 40년 만에 이 책의 운명이 되었다.

호텔리어의 오월 노래

1판 1쇄 인쇄 2020년 5월 6일
1판 1쇄 발행 2020년 5월 11일

일지·메모 홍성표
기획·집필 안길정
펴낸이 임중혁
펴낸곳 빨간소금

등록 2016년 11월 21일(제2016-000036호)
주소 (01021) 서울시 강북구 삼각산로 47 나동 402호
전화 02-916-4038   팩스 0505-320-4038
전자우편 jioim99@hanmail.com
ISBN 979-11-965859-6-9 (03340)

＊책값은 뒤표지에 있습니다.